Tobias Lang
Die Drusen in Libanon und Israel

Studien zum Modernen Orient

herausgegeben
von Gerd Winkelhane

Studien zum Modernen Orient 23

Tobias Lang

Die Drusen in Libanon und Israel

Geschichte, Konflikte und Loyalitäten
einer religiösen Gemeinschaft in zwei Staaten

KLAUS SCHWARZ VERLAG · BERLIN

Bibliografische Information der Deutschen Bibliothek
Die Deutsche Bibliothek verzeichnet diese Publikation
in der Deutschen Nationalbibliografie; detaillierte
bibliografische Daten sind über *http://dnb.ddb.de* abrufbar.

Titelbild: Drusische Frauen in traditionellem Gewand (CC by SA 2.5)
Frontispiz: Scheich Al-Atrash mit Kämpfern, ca. 1928 (LoC Id 32984)

www.klaus-schwarz-verlag.com

© 2013 by Klaus Schwarz Verlag GmbH
Erstausgabe
1. Auflage
Herstellung: J2P Berlin
Gedruckt auf chlorfrei gebleichtem Papier
Printed in Germany
ISBN 978-3-87997-416-0

INHALTSVERZEICHNIS

DANKSAGUNG

Mein Dank gilt in erster Linie meiner Familie, die mein Studium überhaupt erst ermöglicht hat. Mein Studium und speziell das Verfassen dieser Arbeit wurden immer mit viel Geduld besonders unterstützt z.B. mit meiner ersten Reise nach Israel 2009, die dieser Arbeit den notwendigen Input geliefert hat.

Weiters bin ich meinem Betreuer Univ.-Doz. Dr. John Bunzl vom *Österreichischen Institut für Internationale Politik* zu Dank verpflichtet, dessen fachkundige Ratschläge und Kenntnis der Materie unerlässlich für das Verfassen der Arbeit in dieser Form waren.

Ein großer Dank gebührt auch allen LektorInnen, KollegInnen und Auskunftspersonen, die, vielleicht auch unbewusst, zur Entstehung dieser Arbeit beigetragen haben, wie Mag. Helmut Krieger, der dieses Diplomarbeitsthema vorgeschlagen hat.

Nicht zuletzt möchte ich mich bei meinen drusischen Interviewpartnern in Israel für ihre Gastfreundschaft, Zeit und Auskunftsfreudigkeit bedanken. Herausheben möchte ich an dieser Stelle Dr. Fā'iz 'Azzām von der Universität Haifa, dessen spontane Hilfe bei der Organisation von Interviews und persönliche Kontakte von großem Wert waren.

Kurzfassung

Die Drusen sind eine Religionsgemeinschaft, die sich im 11. Jahrhundert vom schiitischen (ismailitischen) Islam abgespalten hat. Um sich vor Verfolgungen zu schützen, siedelten die Drusen bevorzugt in den gebirgigen Regionen der historischen Region Großsyrien. Heute leben Drusen im Nahen Osten als Minderheit in den Staaten Syrien, Israel, Libanon sowie in Jordanien. Die Drusen erlauben keine Konversion und verfügen über ein sehr stark ausgeprägtes Gemeinschaftsgefühl.

Die drusischen Gemeinschaften in Israel und im Libanon haben eine höchst unterschiedliche Entwicklung genommen: In Israel dienen Drusen, im Gegensatz zu Christen oder Muslimen, verpflichtend in den israelischen Streitkräften, während im Libanon die drusische Miliz während des Libanesischen Bürgerkrieges teilweise eng mit den Palästinensern und Syrien verbündet war. Dieser Gegensatz trat offen zutage, als 1982 israelische Truppen das drusische Kernland im Libanongebirge besetzten und mit Israel verbündete christliche Milizen gegen die drusische Bevölkerung vorgingen. In dieser Situation sahen sich die Drusen in ihrer Existenz bedroht und begannen mit einer intensiven militärischen Mobilisierung innerhalb der Gemeinschaft, die zu einer Niederlage der christlichen Milizen führte. Israelische Drusen opponierten damals geschlossen gegen die Unterstützung der christlichen Milizen durch die eigene Regierung. Es war das erste Mal in Israel, dass die Drusen als Gemeinschaft gegen die Regierung aufbegehrten.

Die zentralen Fragestellungen dieser Arbeit sind, wie es zu dieser gegensätzlichen Entwicklung gekommen ist und ob sich Tendenzen des politischen Verhaltens der Drusen lokalisieren lassen. Um diese Fragen zu beantworten, werden ausgewählte Aspekte der Gemeinschaften in beiden Staaten untersucht: Die Periode der Mandatsherrschaft in beiden Ländern; die Rolle der Drusen im ersten Arabisch-Israelischen Krieg; die Entwicklung der Gemeinschaft im Staat Israel, die zur Bildung einer israelisch-drusischen Nationalität und der Integration in das politische System geführt hat; die Entwicklung im konfessionell aufgebauten Staat Libanon geprägt von Kamāl Ǧunbulāṭ, die im Libanesischen Bürgerkrieg mündete sowie der Widerstand der Golan-Drusen gegen die Annektierung durch Israel.

Neben Unterschieden in der historischen Entwicklung und in der Gesellschaftsstruktur, die bis in die osmanische Zeit zurückreichen, ist die Erfahrung von unterschiedlichen politischen Systemen einer der Hauptgründe für die unterschiedliche Entwicklung der Gemeinschaften in Israel und im Libanon. Die libanesischen Drusen sind ein integraler Bestandteil des Libanon und u.a. aufgrund ihrer geringen Fragmentierung ein politischer Machtfaktor. In Israel hingegen stellen die Drusen eine Minderheit innerhalb der nicht-jüdischen Minderheit dar, die einer dominierenden jüdischen Mehrheit gegenübersteht. Der Einfluss der Drusen in Israel ist deswegen sehr begrenzt, auch aufgrund des hohen Grades an politischer Fragmentierung. Drusen sind nahezu im gesamten politischen Spektrum Israels aktiv, wobei in dieser Arbeit auch auf die pro-palästinensische Minderheit innerhalb der Gemeinschaft genauer eingegangen wird.

Es lassen sich zwei Tendenzen bezüglich des politischen Verhaltens der Drusen erkennen. Erstens schließen die Drusen bei gravierenden Bedrohungen von außen ihre Reihen, wie z.B. im Libanesischen Bürgerkrieg oder dem Widerstand der Golan-Drusen gegen die israelische Annexion. Zweitens wird in kritischen Situationen oft pragmatisch, den Kräfteverhältnissen folgend, reagiert. Beispiele sind die Parteinahme von Drusen für Israel im ersten Arabisch-Israelischen Krieg 1948 oder die Bündniswechsel des libanesischen Drusenführers Walīd Ǧunbulāṭ, die bis in die jüngste Vergangenheit zu beobachten sind. Hinsichtlich des drusischen Pragmatismus stellt Kamāl Ǧunbulāṭ, der libanesische Oppositionsführer der 1960er und 1970er Jahre, eine große Ausnahme dar. Kamāl Ǧunbulāṭ ist unter den libanesischen Politikern einer der Hauptverantwortlichen für den Ausbruch des 15 Jahre dauernden Libanesischen Bürgerkrieges, als die Möglichkeit bestand, die Position der Drusen im politischen System des Libanon zu verbessern.

Abstract

The Druze religion emerged as an offshoot of Shia (Ismaili) Islam during the 11th century in Cairo. To protect the community from persecution the Druze settled preferably in the mountainous areas of the historical region Greater Syria. Nowadays the Druze live as a minority in the states of Syria, Israel, Lebanon and Jordan. The Druze are a closed community, which allows no conversion and have a very distinct sense of community spirit. While some Druze see themselves as a part of a Muslim sect, others, especially in Israel, consider the Druze belief as totally independent from the Islam.

The development of the Druze communities in Israel and Lebanon took a very different direction, which placed them on opposite sides in the Arab-Israeli conflict: In Israel the Druze are, in contrast to Muslims or Christians, subject to compulsory conscription, while in Lebanon during the civil war the main Druze militia was partly a close ally of the Palestinians. This contrast became obvious in 1982 during the Israeli invasion of Lebanon, when Christian militias allied to Israel started to take action against the Druze population in the Druze heartland of Mount Lebanon. In this situation the Druze saw their existence in danger and started an intense military mobilisation inside their community, which led to a defeat of the Christian forces. In Israel the community campaigned united against the government's policy of support for the Christian militias. It was the first time ever in Israel, that the Druze, as a community, opposed the government.

The main questions of this thesis are, how these different developments did occur and if any tendencies of Druze political behaviour can be localised? To answer these questions, chosen aspects of the communities in Lebanon and Israel are examined:

The mandatory period in both cases; the part the Druze played during the first Arab-Israeli War, the development of the community in the Jewish, which led to the creation of an Israeli-Druze nationality; the development in the sectarian-based Lebanese stamped by most prominent Druze politician Kamāl Ǧunbulāṭ, which ended in civil war;

as well as the resistance of the Druze in the Golan Heights against Israeli annexation.

Beside differences in the historical developments and the social structures, the experiences of two very different political systems with other realities are one of the main reasons for the dissimilar developments of the communities in Israel and Lebanon.

Concerning the political behaviour of the Druze two tendencies can be localised. First, the Druze tend to close their ranks in cases of heavy threats for the community e.g. the Lebanese Civil War or the resistance of the Golan Druze against the Israeli annexation. Second, crucial decisions in difficult times are mostly pragmatic and consider a long-term perspective as well as actual changes in the political climate. The support from parts of the community in Palestine for Israel during the first Arab-Israeli War on the one hand, or the shifting alliances of Lebanese Druze chief Walīd Ǧunbulāṭ, which can be observed from the civil war until recent times, on the other hand, could serve as examples for the above mentioned tendencies. When it comes to Druze pragmatism, Kamāl Ǧunbulāṭ, the Lebanese opposition leader during the 1960s and 1970s who rose to regional prominence, is the big exception. He is one of the main politicians responsible for the outbreak of 15 years of Lebanese Civil War, in a situation where he might have had the chance to improve the Druze position in the political system of Lebanon.

1 EINFÜHRUNG

1.1 Die Drusen im Nahen Osten

Die Drusen sind Mitglieder einer Religionsgemeinschaft, die sich im 11. Jahrhundert in Ägypten vom ismailitischen Islam abgespalten hat. Die Gemeinschaft nimmt keine Konvertiten auf und lebt endogam. Die drusische Gemeinschaften können deshalb als geschlossen bezeichnet werden. Um sich vor Verfolgungen zu schützen, siedelten die Drusen überwiegend in den schwer zugänglichen, ländlichen Gebirgsregionen der historischen Region Großsyrien.[1] Heute verteilt sich die drusische Gemeinschaft wie folgt:

- auf Syrien (größtenteils im Ğabal ad-Durūz in der Ḥaurān-Region,[2] sowie im Ğabal al-Aʿlā nahe Aleppo, in Vororten von Damaskus sowie auf dem teilweise von Israel annektierten Golan);
- auf den Libanon (überwiegend im Libanongebirge, besonders in den Bezirken Šūf und ʿĀlaih sowie auch Matn und Bʿabdā, in Beirut sowie in den Gegenden um Rāšaiā und Ḥaṣbaiā an den Ausläufern des Hermon);
- auf Israel (in 16 Dörfern im nördlichen Galiläa und in zwei Dörfern auf dem Karmel nahe Haifa);
- sowie auf Jordanien, wo eine kleine Gemeinschaft von Drusen existiert (hauptsächlich in den Städten az-Azraq und az-Zarqāʾ, außerdem nordöstlich von Amman);[3]
- eine schwer zu schätzende Anzahl von Drusen hat außerdem das ursprüngliche Siedlungsgebiet verlassen und lebt überwiegend in

---

1   Die historische Region Großsyrien (Bilād aš-Šām) umfasst die heutigen Staaten Israel, Libanon, Syrien, die Palästinensischen Autonomiegebiete und Teile der südlichen Türkei.

2   Drusen leben überwiegend in der Provinz as-Suwaidāʾ.

3   Vgl. Swayd 2006:89.

Nord- und Südamerika, aber auch in den Golfstaaten, Australien, Neuseeland, Westafrika und den Philippinen.[4]

Aus verschiedenen politischen Gründen[5] liegen außer für Israel keine gesicherten Daten über die Zahlen der Drusen in den einzelnen Staaten vor. Schätzungen ergeben folgendes Bild:

- Syrien: ca. 500 000,[6] ca. 2,25% der Gesamtbevölkerung;
- Libanon: ca. 250 000,[7] ca. 5-6,5%[8] der Gesamtbevölkerung;
- Israel: ca. 120 800 (inkl. ca. 20 000 Golan-Drusen), ca. 1,6% der Gesamtbevölkerung.[9]

Diese Schätzungen, so unzuverlässig sie auch sein mögen, weisen doch in eine gewisse Richtung: Die zahlenmäßig größte drusische Gemeinschaft lebt in Syrien, während die libanesischen Drusen den größten Anteil aller Gemeinschaften an der Gesamtbevölkerung stellen. In Israel, wo gesicherte Daten vorliegen, stellen sie mit 1,6% der Gesamtbevölkerung nur eine kleine Gruppe, machen aber immerhin rund 8% der nicht-jüdischen Bevölkerung aus.

Die syrischen Drusen stellen zwar in absoluten Zahlen die größte drusische Gemeinschaft, sind aber nicht Gegenstand dieser Arbeit. In dem Kapitel zur drusischen Geschichte wird dieses Thema allerdings gestreift werden.

---

4   Vgl. Swayd 2006:xxxiiif;49. Julia Makarem hat verschiedene Schätzungen über die Anzahl der Drusen in der Diaspora auf ihrer Homepage zusammengefasst. Die Zahlen variieren je nach Quelle von insgesamt 75 000 bis 700 000; vgl. Makarem, online.

5   In Syrien ist Religionszugehörigkeit ein Politikum, wird das Land doch von der alawitischen Minderheit beherrscht. Bei Volkszählungen wird daher nicht nach Konfession unterschieden. Ähnliche Gründe gibt es im Libanon, wo der konfessionelle Proporz Grundlage des politischen Systems ist, aber seit 1932 kein Zensus mehr durchgeführt wurde.

6   Vgl. Dana 2003:229.

7   Vgl. Harik 1994:464.

8   Vgl. ebd. Hariks Schätzung von 1994 kombiniert mit den Angaben über die Gesamtbevölkerung 2010 ergeben einen Anteil der Drusen von 6%; vgl. ebd; Central Intelligence Agency 2010, online.

9   Vgl. Central Bureau of Statistics 2009, online.

1.2 Fragestellung und Aufbau der Arbeit

Das Thema der vorliegenden Arbeit sind die drusischen Gemeinschaften in Israel und dem Libanon, wobei den Ausgangspunkt der Analyse die Ereignisse während des Libanesischen Bürgerkrieges 1982/1983 darstellen.

1982 intervenierte die israelische Armee (IDF-*Israel Defense Forces*) im Libanon, stieß bis Beirut vor und besetzte unter anderem auch das drusische Kernland (Šūf und ʿĀlaih) im Libanongebirge. Die größte drusische Partei war mit der PLO verbündet und kämpfte gegen die von Israel unterstützten christlichen Milizen. In der israelischen Armee hingegen dienten viele Drusen, die im Gegensatz zu Muslimen und Christen in Israel zum Wehrdienst verpflichtet sind. Die grundlegende Fragestellung dieser Arbeit lautet daher: *Welche Faktoren haben dazu geführt, dass die drusischen Gemeinschaften in Israel und dem Libanon 1982/1983 auf der jeweils entgegengesetzten Seite des arabisch-israelischen Konflikts standen?* Bei der Untersuchung der beiden Gemeinschaften stellt sich weiters die Frage: *Welche strukturellen Unterschiede und spezifischen Eigenheiten können bei der Entwicklung beider Gemeinschaften lokalisiert werden?* In der Literatur, die sich mit dem politischen Verhalten der Drusen beschäftigt, werden oft Partikularismus, Opportunismus und Verstellung (das religiöse Prinzip *taqīya*) als Erklärungsgrundlagen für das politische Verhalten der Drusen herangezogen. In diesem Zusammenhang stellt sich daher die Frage: *Lassen sich anhand der Diskussion ausgewählter Aspekte in Israel und dem Libanon Trends eines „drusischen politischen Verhaltens" erkennen?*

Die Untersuchung gliedert sich in vier Teile: Erstens in einen allgemeinen Abschnitt, zweitens einen Israel-Teil, drittens einen Libanon-Teil und viertens in einen abschließenden analytischen Teil. Die im Libanon-Teil und im Israel-Teil behandelten Aspekte sind jeweils spezifisch, was auch aufgrund der unterschiedlichen Entwicklung der beiden Gemeinschaften gar nicht anders sein kann. Dem Leser wird außerdem auffallen, dass der Israel-Teil wesentlich umfangreicher ist als der Abschnitt über die Drusen im Libanon. Dieses Ungleichgewicht hat drei Gründe: Erstens ist die Quellenlage bezogen auf die israelische Gemeinschaft sehr viel umfangreicher und thematisch vielfältiger, als es bei der libanesischen Gemeinschaft der Fall ist. Über die libanesischen Drusen wurde seit dem Ende des libanesischen Bürgerkrieges nicht im selben Ausmaß publiziert. Zweitens ist der Autor selbst nach Israel gereist, wo er die Gelegenheit hatte, Interviews zu führen und in der Universitätsbibliothek Haifa zu recherchieren. Drittens behandelt der Israel-Teil auch die Thematik der Drusen auf dem seit 1967 besetzten Golan, der 1981 von Israel unilateral annektiert wurde. Der Golan ist völkerrechtlich ein Teil von Syrien und seine drusischen Bewohner sind mehrheitlich keine israelischen Staatsbürger. Trotzdem sind die Golan-Drusen seit 1967 unter israelischer Kontrolle und werden deswegen im Rahmen dieser Arbeit auch im Israel-Teil behandelt, da auch in diesem Fall israelische Politik gegenüber den Drusen untersucht wird.

1.3 Anmerkungen zur Schreibweise

Die Schreibweise von arabischen Begriffen und Namen orientiert sich grundsätzlich an den einschlägigen Regeln der *Deutschen Morgenländischen Gesellschaft* (DMG). In Israel und dem Libanon haben sich aber oftmals Schreibweisen arabischer Namen eingebürgert, die stark von jeglichen Transkriptionsregeln abweichen. In derartigen Fällen sind bei der ersten Verwendung des Namens jeweils beide Formen angeführt. Bei geläufigen Begriffen, wie z.B. Scheich [*šaiḫ*] oder Islam [*islām*], die ihren Eingang in den deutschen Wortschatz gefunden haben, wird, um eine bessere Lesbarkeit zu erreichen, die deutsche Schreibweise gebraucht. Orte werden prinzipiell deutsch geschrieben, wenn eine derartige Entsprechung vorhanden ist (z.B. Beirut statt Bairūt oder Jerusalem statt al-Quds), ansonsten gelten die Transkriptionsregeln der DMG.

2 ALLGEMEINE AUSFÜHRUNGEN

2.1 Grundlegendes zur drusischen Religion

In der Folge werden kurz die Grundlagen der drusischen Religion dargelegt. Wenn auch das vorliegende Werk keine religionswissenschaftliche Abhandlung darstellt, sondern sein Thema auf Basis politologischer Parameter behandelt, ist eine kurze Einführung in die Materie unumgänglich bei der näheren Beschäftigung mit einer Gemeinschaft, die sich ausschließlich über die gemeinsame Religion definiert.

Die Wurzeln des drusischen Glaubens liegen im ismailitischen Islam der Fatimiden-Dynastie, die im 11. Jahrhundert Ägypten beherrschte. Die *Ismāʿīlīyā* wiederum stellt eine Strömung des schiitischen Islam dar. Im Zentrum des drusischen Glaubens steht die göttliche Einheit (*tauḥīd*), welche auch für den sunnitischen Islam von zentraler Bedeutung ist.[10] Der Stellenwert von *tauḥīd* zeigt sich auch dadurch, dass die Drusen ihren eigenen Glauben als *maḏhab at-tauḥīd* (Lehre des Einheitsbekenntnisses) und sich selbst als *muwaḥḥidūn* (Bekenner der göttlichen Einheit) bezeichnen.[11]

Die drusische Religion weist deutliche neoplatonische und mystizistische Einflüsse auf.[12] Sami Makarem beschreibt die geistigen Strömungen, die bei der Entstehung des Drusentums wirkten, folgendermaßen:

An interaction between Greek rationalism and Oriental mysticism, which was intensified by the emergence of Sufi sages ...

10　Vgl. Hodgson 2005, online; Bryer 1975; Brayer 1976.

11　Vgl. Abu-Izzeddin 1984:111. Die Fremdbezeichnung „Drusen" (arab. *durūz*, sgl. *darsī* od. *dursī*) geht auf einen Protagonisten der Religionsgründung namens Muḥammad ad-Darzī zurück; vgl. Hodgson 2005, online.

12　Vgl. Abu-Izzeddin 1984:87ff; Bryer 1976:5ff.

*prepared the way for the emergence ... of the Druze movement as
an offshot of the esoteric Isma'ili approach to Islam.*[13]

Ein besonderes Merkmal, welches das Drusentum vom sunnitischen Islam unterscheidet, besteht darin, dass die Drusen keine Konvertiten suchen und auch keine aufnehmen. Eine weitere Besonderheit stellt der Glaube an die Wiedergeburt dar, dem zufolge die Seelen innerhalb der drusischen Gemeinschaft von den Toten zu den Neugeborenen wandern.[14] Weiters ist für den drusischen Glauben die Göttlichkeit des Fatimiden-Kalifen Ḥākim ein zentraler Grundsatz. Hodgson beschreibt das Drusentum in seiner Gründungsphase deshalb in der *Encyclopaedia of Islam* als Ḥākim-Kult.[15] Ein weiterer Unterschied besteht darin, dass Drusen freitags nicht die Moschee zum Gemeinschaftsgebet aufsuchen. Die in die Geheimnisse der drusischen Religion Eingeweihten, die *uqqāl*, treffen sich vielmehr jeden Donnerstag im Gebetshaus (*ḥalwa* oder *maǧlis*), um in den religiösen Schriften zu lesen und zu beten. Der spirituelle Teil dieser Sitzungen ist den *'uqqāl* vorbehalten. Dem allgemeinen Teil, in dem Texte zu moralischen Themen gelesen werden, dürfen auch nicht eingeweihte Drusen beiwohnen.[16]

Konstituierend für die drusische Religion sind ethische Prinzipien, zumal die genauen Inhalte des Glaubens nur für die *'uqqāl* zugänglich sind. Im Zentrum des drusischen Glaubens stehen sieben Prinzipien, wobei die einzige Überschneidung mit den fünf Pfeilern des Islam der *tauḥīd* darstellt:

1. Veracity in the broadest sense of the word, that is, to profess the truth, to act according to the truth and to live for the truth.
2. Safeguarding, helping and guiding his fellow men or seeking their guidance along the path of truth and real knowledge.

---

13 Vgl. Makarem 2005:2, Auslassungen durch den Verfasser TL.

14 Vgl. Khuri 2004:103. Khuri interpretiert die Reinkarnation als religiöse Dimension der Solidarität innerhalb der Gemeinschaft; vgl. ebd.:102ff.

15 Vgl. Abu-Izzeddin 1984:101.

16 Vgl. Hodgson 2005, online; Swayd 2006:96f. Bezeichnung und Verwendung können regional variieren.

3. Renouncing all beliefs leading to repudiation of the oneness of God and, consequently, to falsehood.
4. Dissociation from those who transgress against righteousness and justice, that is, those who hinder man from knowing the truth and trading upon the path of real knowledge.
5. Striving endlessly to achieve the real purpose of men, namely, to be in union with the One as much as in humanly possible.
6. Contentment (*riḍā*) with the divine law.
7. Submission (*taslīm*) to God's will and deeds.[17]

Zentrale Pflichten der Muslime wie die Pilgerfahrt nach Mekka und das Fasten im Monat Ramadan werden von den Drusen nicht praktiziert. Allerdings feiern Teile der Gemeinschaft, abhängig von der Region, das Fastenbrechen (*ʿīd al-fiṭr*), jedoch ohne eine besondere religiöse Bedeutung.[18]

Die Frage, ob das Drusentum nun Teil des Islam ist oder nicht, kann nicht befriedigend beantwortet werden. Sicher ist hingegen, dass die Wurzeln des Drusentums zu einem großen Teil im ismailitischen Islam liegen und das Drusentum besonders vom Mystizismus sowie von griechischer Philosophie beeinflusst wurde.

Taqīya

Das Prinzip von *taqīya* ist schiitischen Ursprungs. In der schiitischen Tradition bedeutet *taqīya*, den wahren Glauben in Zeiten von Krisen oder Verfolgung zu verbergen und nach außen vorzugeben, einen anderen Glauben zu praktizieren. Kais Firro zufolge unterscheidet sich die Praxis von *taqīya* bei den Drusen nicht von der bei den Alawiten oder Ismailiten. Es handelt sich demnach nicht um ein rein drusisches Phänomen, dieses wird aber in der wissenschaftlichen Auseinandersetzung oft explizit mit den Drusen in Verbindung gebracht.[19]

---

17 Vgl. Makarem 2005:5f.
18 Vgl. Hodgson 2005, online.
19 Vgl. Firro 1992:20f.

Besonders von israelischen Autoren wie Haim Blanc[20] und Ahron Layish[21] wurde *taqīya* bemüht, um das politische Verhalten der drusischen Gemeinschaft in Israel zu erklären, bezogen auf den Partikularismus der Drusen. Firro argumentiert dagegen, dass sich in den drusischen Schriften, dem Drusenkanon, keine Erwähnung von *taqīya* finden lässt.[22] Gabriel Ben-Dor beschreibt das Prinzip von *taqīya* in Anlehnung an Blanc folgendermaßen: „The principle of *Taqiya* (i.e. pretending to follow another religion without abandoning one's own, if circumstances so require)."[23] Ben-Dor stützt diese Aussage auf eine, eigener Angabe nach, „explicit sanction in the druze writing:"[24]

> *Our Lord has commanded us to hide the dominant religion, be it what it may: with the Christians Christian, with the Muslims Muslim and so on. For our Lord Hakim bi-Amr Allah has said: should a nation overcome you, follow it, but keep me in your hearts. What does this mean? Outwards, not inwards.*[25]

Laut Firro wird hier aus einem Buch zitiert, das vermutlich im 18. Jh. von einem libanesischen Christen namens al-Halibi verfasst wurde.[26] Diese Quelle ist demzufolge weder einer drusischen Schrift zuzurechnen noch drusischen Ursprungs.

Haim Blanc war einer der ersten Israelis, der wissenschaftlich über die drusische Gemeinschaft gearbeitet hat.[27] Er formulierte die Theorie eines drusischen Verhaltensmusters, dem zufolge sich die Kooperation mit dem Staat Israel mit *taqīya* erklären lässt. Blanc wurde vom Berater des Premierministers für arabische Angelegenheiten eingeladen, ein Buch zu schreiben, welches als Ratgeber für staatliche Stellen im

---

20 Vgl. Blanc 1952:315ff.
21 Vgl. Layish 1985:245ff.
22 Vgl. Firro 1992:21.
23 Ben-Dor 1979:41.
24 Ebd.
25 Zit. nach ebd. Ben-Dor selbst zitiert hier nach Haim Blanc, hat das Zitat aber selbst ins Englische übersetzt. Aus welchem Originaltext das Zitat stammt, ist bei Ben-Dor nicht nachvollziehbar.
26 Vgl. Firro 1992:22.
27 Vgl. Firro 2001:46; vgl. Blanc 1952.

Umgang mit Drusen dienen sollte. Blancs Arbeit hat israelische Wissenschaftler, Journalisten und Beamten in ihrem Umgang mit den Drusen nachhaltig beeinflusst.[28]

Im wissenschaftlichen Diskurs lassen sich bezüglich der Bewertung von *taqīya* bei Drusen zwei Extrempositionen erkennen: einerseits Firro, der die Bedeutung von *taqīya* vollkommen negiert, andererseits Layish, der nahezu jede Facette drusischen Verhaltens mit *taqīya* erklärt.[29]

2.2 Gesellschaftsstruktur

Die drusische Gesellschaft weist eine dualistische Struktur auf; es wird zwischen zwei wesentlichen Gruppen unterschieden: die initiierten *ʿuqqāl*, die mit den religiösen Lehren vertraut sind und Zugang zu den geheimen Schriften haben, sowie die nicht initiierten *ǧuhhāl*. In den „inneren Kreis" der *ʿuqqāl* werden nur Mitglieder der Gemeinschaft aufgenommen, die über einen langen Zeitraum als charakterlich geeignet eingeschätzt werden. Frauen können leichter initiiert werden und gelten traditionell als geeigneter, da sie im Gegensatz zu Männern als spiritueller und weniger anfällig für unmoralisches Handeln gelten.[30] Weibliche *ʿuqqāl* können männliche *ǧuhhāl* heiraten, die Ehe zwischen weiblichen *ǧuhhāl* und männlichen *ʿuqqāl* ist hingegen nicht möglich.[31] Männliche wie weibliche *ʿuqqāl* heben sich durch ihre Kleidung vom Rest der Gemeinschaft ab und sollten fromm, friedfertig und zurückhaltend leben. *ʿUqqāl*, die besonders fromm oder gelehrt sind, führen den Titel Scheich und üben eine besondere Autorität in

---

28 Vgl. Firro 2001:47. Auch andere israelische Autoren, die wissenschaftlich über Drusen gearbeitet haben, wie Ahron Layish, Gabriel Ben-Dor oder Nassim Dana, waren direkt im Prozess des *policy-making* gegenüber der drusischen Gemeinde involviert und haben ihre Erfahrungen teilweise in ihr wissenschaftliches Werk einfließen lassen. Wissenschaftliche und politische Sphäre sind, auch was die Drusen in Israel betrifft, eng verzahnt; vgl. ebd.

29 Vgl. z.B. Firro 1999:5ff; Layish 1985. Zur selben Schlussfolgerung kommt auch Peggy Klein; vgl. Klein 2001:44.

30 Vgl. Khuri 2005:64.

31 Vgl. Klein 2001:47.

der Gemeinschaft aus.[32] Innerhalb der verschiedenen drusischen Gemeinschaften sind etwa 10–20% der Mitglieder *ʿuqqāl*.[33]

Bei regelmäßigen, zumeist wöchentlichen Treffen diskutieren die *ʿuqqāl* über die religiöse Lehre, aber auch über allgemeine soziale Themen, welche die Gemeinschaft betreffen. Die *ʿuqqāl* teilen sich wieder in verschiedene Gruppen, abhängig von ihrem Wissen über die religiösen Lehren. Die Mitglieder derjenigen Gruppe, welcher das meiste Wissen und die größte Frömmigkeit zugeschrieben wird, nennt man „die Guten" (*aǧāwīd*, sg. *ǧawād*) und sie gelten als die geachtetsten Mitglieder der drusischen Gesellschaft. Die *aǧāwīd*, die überwiegend asketisch leben, stellen nicht nur eine religiöse Autorität dar, sondern legen auch die kulturellen und moralischen Normen in der jeweiligen Gemeinschaft fest.[34] In der Regel ist dieser Rang nur bestimmten Familien vorbehalten, obwohl er grundsätzlich jedem offen steht. Aus ihren Reihen wählen die *aǧāwīd* die religiöse Führung.[35] Der Scheich al-ʿAql, eine Position, die es im Libanon und in Syrien gibt, ist vor allem ein staatlich bezahlter Mittler zwischen Staat und Religionsgemeinschaft, der die drusische Gemeinschaft repräsentiert. Der Scheich al-ʿAql hat demnach keine rein spirituelle Funktion.[36]

Die *ǧuhhāl* bilden die Mehrheit innerhalb der drusischen Gesellschaft. Auch wenn ihnen das spezifische Wissen über ihre Religion fehlt, wird von ihnen die Einhaltung von gewissen religiösen und moralischen Prinzipien erwartet, nach denen sie auch von den Eingeweihten beurteilt werden. In der dualistischen Gesellschaft der Drusen kommt die religiöse Führung aus den Reihen der *ʿuqqāl*, die politischen und militärischen Entscheidungen werden aber zumeist von *ǧuhhāl* getroffen.[37]

---

32   Vgl. Hodgson 2005, online.

33   Vgl. Khuri 2005:62.

34   Vgl. Swayd 2006:11.

35   Vgl. Schenk 2002:72.

36   Vgl. Harik 1994:463.

37   Vgl. Khuri 2004:139. Besonders in Israel stellt sich die Situation anders dar, aber auch im Libanon gab es hohe religiöse Würdenträger, die sich in weltliche Belange „einmischten". Zu diesem Aspekt im libanesischen Kontext vgl. Harik 1994 sowie Schenk 2002.

Die Institution Ehe bei den Drusen folgt den Prinzipien der Monogamie und der Endogamie. Während die Monogamie einen Unterschied zum sunnitischen Islam darstellt, ist Endogamie ein in der arabischen Welt verbreitetes Phänomen. Nur wenige Drusen heiraten außerhalb der drusischen Gemeinschaft. Für eine nicht-endogame Heirat sind meist die Faktoren höhere Bildung und Emigration verantwortlich.[38] In manchen Dörfern wird die Mehrzahl der Ehen immer noch innerhalb eines Clans geschlossen.[39]

Theoretisch haben Drusinnen rechtlich und religiös die gleichen Rechte wie männliche Drusen. Der religiösen Lehre zufolge sind Frauen gleichberechtigt, was bedeutet, dass eine Ehe prinzipiell monogam sein muss. Im Ehe- und Erbrecht sind Frauen ebenso den Männern gleichgestellt. Wie erwähnt, ist auch die religiöse Lehre für Frauen offen, sie können gleichberechtigt wie Männer in den Kreis der *ʿuqqāl* aufgenommen werden. In der Realität handelt es sich bei der drusischen Gemeinschaft aber um eine stark männlich dominierte Gesellschaft, in der Frauen in vieler Hinsicht benachteiligt werden. Augenscheinlich wird diese Differenz etwa bei der Frage der Mobilität, der Möglichkeit zur Erwerbstätigkeit, dem Zugang zur Bildung und der freien Wahl des Ehepartners.[40]

Von allen Mitgliedern der Gemeinschaft wird erwartet, sich den drusischen Moralvorstellungen anzupassen, was durch die Erziehung und eine hohe Selbstdisziplin erreicht werden soll.[41] Bei Verstößen

---

38 Vgl. Khuri 2004:234. In der drusischen Oberschicht des Libanon kommen Eheschließungen außerhalb der drusischen Gemeinschaft vor: Prominente Beispiele wären Šakīb Arslān, Walīd Ǧunbulāṭ oder die libanesische Dichterin Naila Twainī (eine geborene Ḥamādah), die alle außerhalb der Gemeinschaft geheiratet haben. In Israel hingegen sind Ehen außerhalb der Gemeinschaft selten, und eher ein Phänomen unter ärmeren Drusen; Interview mit Shakeeb Salih am 24. Juli 2009 in Mġār.

39 Vgl. Khuri 2004:233f.

40 Vgl. Firro 1992:23f. Mit der Stellung der Frau in den drusischen Gemeinschaften hat sich in jüngerer Zeit Intisar Azzam ausführlich beschäftigt; vgl. besonders Azzam 2007 sowie Azzam 2005. Zum selben Thema vgl. außerdem Abu-Izzeddin 1984:228ff. Ahron Layish hat besonders zur Stellung der drusischen Frau im drusischen Personenstandsrecht gearbeitet, u.a. auch im Rahmen einer sehr ausführlichen Studie; vgl. Layish 1982.

41 Vgl. Khuri 2005:68.

gegen die drusische Moral gibt es die Möglichkeit von sozialen Sanktionen, die auch innerhalb einer Familie verhängt werden können.[42]

Das Gemeinschaftsgefühl ist bei Drusen besonders stark ausgeprägt. Die Gründe hierfür sind in erster Linie religiöse Vorstellungen, besonders der Glaube an die Seelenwanderung und Wiedergeburt, die Endogamie sowie die strikte Moral, deren Befolgung durch Mechanismen sozialer Kontrolle sichergestellt wird. Vereinfacht gesagt, wird Drusen von Kindheit an abverlangt, sich in die Gemeinschaft einzufügen: „Stay in line ist the Druze motto for rearing children."[43]

2.3 Die drusische Geschichte von der Religionsgründung bis nach dem Ersten Weltkrieg

2.3.1 Von der Religionsgründung bis zur Zeit der Kreuzzüge

Das Drusentum entstand im 11. Jahrhundert n. Chr. (5. Jh. islamischer Zeitrechnung) durch eine Abspaltung vom schiitisch-ismailitischen Islam. Als Begründer der Religionsgemeinschaft gelten die beiden ismailitischen Gelehrten Ḥamza ibn ʿAlī ibn Aḥmad und Muḥammad ad-Darzī. Von Letzterem leitet sich die Bezeichnung Drusen ab. Sie entwickelten die theologische Lehre, nach der der Kalif al-Ḥākim bi-Amr Allāh (985–1021) als Inkarnation Gottes gilt.

Die Schiiten ismailitischer Ausrichtung (auch Siebener-Schiiten oder wie hier nur Ismailiten genannt) hatten sich bereits im 8. Jahrhundert im Streit über die Nachfolge des sechsten *imām* von der Hauptlinie der Schiiten (heute auch Zwölfer-Schiiten genannt) abgespalten. Die ismailitische Dynastie der Fatimiden eroberte 969 Ägypten und errichtete die neue Hauptstadt Kairo. Von Ägypten aus dehnten die Fatimiden ihren politischen und religiösen Einfluss nach Palästina und Großsyrien aus.[44] Die Verbreitung der ismailitischen Lehre wird als *daʿwa* (Mission, wörtlich etwa „Aufruf") bezeichnet. Das Besondere an der fatimidischen *daʿwa* war, dass sie nicht eingestellt wur-

---

42 Vgl. ebd.:73f.

43 Ebd.:74.

44 Zu den Fatimiden vgl. Canard 2005b, online; außerdem im drusischen Kontext Firro 1992:5.

24

de, als die Dynastie etabliert war, sondern besser organisiert und intensiviert weitergeführt wurde.[45]

Ein Teil der Doktrin der Fatimiden war das Warten auf den *mahdī*, den Messias, der wahre Gerechtigkeit herstellen sollte. Von Protagonisten der *da'wa* wurde der sechste Kalif der Fatimiden-Dynastie al-Ḥākim nach über neunzig Jahren des Wartens als *mahdī* angesehen.[46] Die offizielle Proklamation der Göttlichkeit al-Ḥākims 1017 gilt für die Drusen als Zeitpunkt der Religionsgründung.

Al-Ḥākim war eine exzentrische Herrscherpersönlichkeit und ein ehrgeiziger Reformer, auch in religiöser Hinsicht. Unter seiner Regierung wurde die Region Großsyrien endgültig unter fatimidische Kontrolle gebracht.[47] 1021 verschwand al-Ḥākim unter nicht geklärten Umständen.[48] Davor war es zu einer drusischen *da'wa* gekommen, mit der Unterstützung der traditionellen ismailitisch-fatimidischen Strukturen. Einer der wichtigsten Protagonisten der drusischen *da'wa* war Ḥamza, wobei nicht mit Sicherheit bestimmt werden kann, wie groß der Einfluss von al-Ḥākim auf die Reformbewegung tatsächlich war.[49] Zwei der revolutionärsten Positionen der Reformbewegung waren die Forderungen nach der Abschaffung von Polygamie und Sklaverei.[50]

Unter dem Nachfolger von al-Ḥākim setzte eine Verfolgung der Drusen ein. Die meisten Anhänger der *da'wa* flohen von Ägypten nach Großsyrien, unter ihnen auch Ḥamza. Der traditionellen Überlieferung zufolge wurde nach dem Verschwinden von al-Ḥākim der sogenannte Drusenkanon gesammelt. Er besteht aus insgesamt 111 Briefen von al-Ḥākim, Ḥamza und anderen Protagonisten der Religionsgründung.[51] Im Jahre 1042 wurde die drusische *da'wa* offiziell ab-

---

45 Vgl. Canard 2005a, online.

46 Vgl. Firro 1992:8.

47 Vgl. Abu-Izzeddin 1984:74ff; Hodgson 2005, online.

48 Vgl. ebd.:105. Hier werden auch verschiedene Thesen über al-Ḥākims Verschwinden vorgestellt.

49 Vgl. Firro 1992:15.

50 Vgl. Abu-Izzeddin 1984:122.

51 Vgl. Hodgson 2005, online.

geschlossen. Das bedeutet, dass ab diesem Zeitpunkt keine Konvertiten mehr aufgenommen wurden.[52]

Nach der Migration von Ägypten nach Großsyrien und dem Abschluss der *da'wa* begann sich die drusische Gemeinschaft zu einem politischen Faktor in der Levante zu entwickeln. Die drusischen Dynastien schlossen und brachen, gestützt auf ihre lokalen Machtbasen, Bündnisse mit externen Akteuren. Die wichtigste Dynastie dieser frühen Periode sind die Tanuḫī. Die Tanuḫī-Clans hatten sich bereits im 8. Jahrhundert in der Küstenregion von Beirut und dem gebirgigen Hinterland im Südlibanon etabliert; sie waren schon in der ersten Phase der *da'wa* konvertiert. Das Zentrum ihrer Macht war Šūwaifāt im Libanongebirge, das zuerst in den Händen des Arslān-Zweiges der Familie (8.–12. Jh.) lag. Später geriet es unter die Kontrolle des Buḫturī-Zweiges (12.–16. Jh.) bis zur Expansion des Osmanischen Reichs.[53] Der Emir Ǧamāl ad-Dīn 'Abdallāh at-Tanuḫi (1417–1479) wird als die herausragende Herrscherpersönlichkeit dieser Epoche angesehen. Er wird in den Überlieferungen meistens nur *as-Saiyid* genannt.[54]

Die Drusen dieser frühen Epoche und ihre Beziehung zur lokalen jüdischen Bevölkerung werden von dem spanisch-jüdischen Reiseschriftsteller Benjamin von Tudela beschrieben, der zwischen 1169 und 1171 den heutigen Libanon bereist hat: „...a certain number of jewish handcraftsmen and dyers come among them for the sake of trade, and then return, the people being favourable to the jews. They roam over the mountains and hills and no one can battle with them."[55] Laila Parsons weist in Zusammenhang mit diesem Zitat darauf hin, dass Autoren wie z.B. Robert Betts[56] und Gabriel Ben-Dor[57] diese Text-

---

52 Vgl. Abu-Izzeddin 1984:107.

53 Zur Tanuḫī-Dynastie vgl. ebd.:142ff; sowie vgl. Firro 1992:25f.

54 Vgl. Parsons 2001:3; ausführlicher zu *as-Saiyid* vgl. Abu-Izzeddin 1984:172ff.

55 Zit. nach Parsons 2000:3.

56 Vgl. Betts 1988:20.

57 Ben-Dor verwendet das Zitat als eines von fünf, die dem Inhaltsverzeichnis unkommentiert vorangestellt sind. Der Wortlaut unterscheidet sich gegenüber dem Zitat, das Parsons verwendet, bei Ben-Dor heißt es: „... and they love the Jews and ..."; Ben-Dor 1979:v, Auslassungen durch den Verfasser TL. Parsons verwendet eine englische Übersetzung, während Ben-Dor nach Yitzhak Ben-Zivi zitiert und selbst aus dem Hebräischen übersetzt; vgl. Ben-Dor 1979:99.

stelle als validen Beleg für eine historische drusisch-jüdische Freundschaft verwenden.[58]

Ben-Dor nennt daneben noch zwei andere Belege für das historisch gute Verhältnis zwischen Juden und Drusen: Die Tatsache, dass die einzige jüdische Familie, die kontinuierlich in Galiläa gelebt hat, im drusischen Dorf Buqaiʿa (hebr. Pekiʿin) wohnte, sowie eine Stelle in den drusischen Schriften, wonach das Judentum weniger zu verurteilen sei als das Christentum und der Islam.[59] Firro zufolge unterschied sich jedoch das Verhältnis zwischen Drusen und Juden vor dem 20. Jahrhundert nicht vom Verhältnis der Drusen zu anderen Minderheiten, das zeitweise von gemeinsamen Interessen, aber auch von blutigen Auseinandersetzungen bestimmt war.[60]

Das Verhältnis der Buḥturī zu den von Ägypten aus regierenden Mamluken war zunächst mit Misstrauen belastet. Dem libanesischen Historiker Kamal Salibi zufolge hatten sich die Buḥturī im Krieg der Mamluken gegen die Mongolen entschlossen, beide Seiten zu unterstützen. In der entscheidenden Schlacht von ʿAin Ǧālūt 1260, in deren Folge die Mongolen endgültig aus der Region vertrieben wurden, sollen Mitglieder des Buḥturī-Clans tatsächlich auf beiden Seiten gestanden haben.[61] In der Folge distanzierten sich die Mamluken von den Drusen und akzeptierten erst wieder nach der Rückeroberung Großsyriens aus der Hand der Kreuzritter drusische Soldaten. Viele Angehörige des Buḥturī-Clans wurden für die lokale Kavallerie rekrutiert und erhielten dafür kleine Grundstücke.[62] So wurden sie in das Feudalsystem integriert.

---

58 "This historical antecedence is overstated. Benjamin of Tudela's comments reveal nothing more than a cordial trading relationship existed in the twelfth century between the Druze of the Shuf and a few local Jewish artisans. It is grasping at straws to suggest that there is any historical connection between this cordiality and a twentienth-century political alliance born out of specific economic and political circumstances." Parsons 2000:4.

59 Vgl. Ben-Dor 1979:98f.

60 Vgl. Firro 1999:3.

61 Folgt man Salibis Darstellung, dann handelt es sich hierbei um ein sehr frühes Beispiel eines drusischen Taktierens in ernsten Krisensituationen; vgl. Salibi 1988:122

62 Vgl. Salibi 1988:121f. sowie Salibi 1961.

Die militärische und politische Rolle der Drusen zur Zeit der Kreuzzüge ist nur lückenhaft dokumentiert.[63] Die Tanuḫī waren ursprünglich im Ġarb südöstlich von Beirut angesiedelt worden, um gegen die Kreuzritter zu kämpfen, eine Aufgabe, der sie auch nachkamen. Trotzdem erwies es sich, Salibi zufolge, des öfteren als notwendig und wohl auch profitabel, sich mit den fränkischen Herrschern von Beirut zu arrangieren.[64]

Fest steht, dass die Drusen gegen die Kreuzritter gekämpft haben.[65] Ben-Dor behauptet, sie hätten auf beiden Seiten gekämpft, allerdings ohne dafür eine Quelle anzugeben.[66] Wegen des unklaren Verhaltens der Drusen im Krieg der Mamluken gegen die Mongolen hegten erstere ein großes Misstrauen gegenüber den Buḥturī und nahmen führende Mitglieder der Familie als Geiseln.[67] – Anzumerken ist hier, dass die Quellenlage für diese Periode sehr unbefriedigend ist, und Rückgriffe auf einzelne Episoden der drusischen Geschichte oftmals benutzt werden, um die historische Kontinuität eines „verräterischen Verhaltens" der Drusen zu konstruieren.[68]

2.3.2 Die Drusen und das Osmanische Reich

1516 eroberten die Osmanen Großsyrien und lösten die Mamluken als Herrscher ab. Im Osmanischen Reich galten die Drusen offiziell als Muslime. Sie hatten keinen offiziellen Status als *millet*, also als anerkannte religiöse Minderheit mit eigener Gerichtsbarkeit, wie z.B. die christlichen Kirchen. In der Realität genossen aber besonders die Dru-

---

63 Vgl. Parsons 2000:4.

64 Vgl. Salibi 1961:79; 81f. Für das Beispiel einer Bestrafungsaktion der Mamluken gegen Drusen, die mit Beirut kooperiert hatten, vgl. Abu-Izzedin 1984:159.

65 Vgl. z.B. Abu-Izzedin 1984:139; Salibi 1961:80ff. Der frühe Arabist Philip Hitti nennt in seinem 1928 erschienenen Werk zur drusischen Geschichte zwar einen kurzen Abschnitt „Part Played During the Crusades", aber hier gibt es keine Informationen über das Verhältnis zu den Kreuzrittern; vgl. Hitti 2007:32f.

66 Vgl. Ben-Dor 1979:45. Hierzu auch die Kritik von Parsons; vgl. Parsons 2000:4f.

67 Vgl. Salibi 1988:122.

68 Vgl. Parsons 2000:4f; Salibi 1961:74.

sen im Libanon Autonomie in der Regelung der eigenen Angelegenheiten.[69]

Die frühe osmanische Phase wurde auf drusischer Seite vom Clan Maʿn dominiert.[70] Die Machtbasis der Maʿn befand sich im Šūf (Libanongebirge), jetzt auch *Ǧabal ad-Durūz*, das Drusengebirge, genannt.[71] Den Höhepunkt der Maʿn-Dynastie bildete die Regentschaft von Faḫr ad-Dīn Maʿn II,[72] dessen Einflussbereich nahezu ganz Großsyrien umfasste. Für manche Historiker stellt die Regentschaft von Faḫr ad-Dīn, mit dem Zentrum im Libanongebirge, den Vorläufer eines unabhängigen Libanon dar.[73] Nejla Abu-Izzedin beschreibt die Situation in der Region zur Zeit von Faḫr ad-Dīn wie folgt: "The weakness of the government in Istanbul was reflected in the provinces where governors defied the central authority, local chiefs rebelled, and troops got out of control."[74] Die Unabhängigkeit Faḫr ad-Dīns von der Hohen Pforte ging so weit, dass er Italien bereiste und mit der Toskana Verträge abschloss.[75] Einer der von Abu-Izzedin beschriebenen Rebellenführer, der sich mit Faḫr ad-Dīn verbündete, war ʿAlī Ǧunbulāṭ, ein vermutlich kurdischer Gouverneur einer Region nördlich von Aleppo. Seine Familie siedelte später in den Libanon über, wo sie zu einer der wichtigsten Familien in der drusischen Geschichte wurde.[76] Die Macht von Faḫr ad-Dīn wurde zu einer immer größeren Bedrohung für die Osmanen, und so wurde er schließlich 1635 öffentlich in Istanbul hingerich-

---

69   Vgl. Dana 2003:85f.

70   Ausführlicher zu den Maʿn vgl. Abu-Izzeddin 1984:179f. Das Verhältnis zu den Osmanen wird von Salibi anfangs als nahezu neutral beschrieben; vgl. Salibi 1988:124.

71   Vgl. Firro 1999:16.

72   Zur Regierungszeit von Faḫr ad-Dīn vgl. Abu-Izzeddin1984:180ff. Zur Rezeption dieser Epoche im Libanon und der Verwendung im politischen Diskurs vgl. Schenk 2002; Salibi 1988:126ff; 200ff.

73   Vgl. Firro 1992:28; Salibi 1988:127f.

74   Abu-Izzeddin 1984:181.

75   Vgl. Hitti 2007:33f.

76   Vgl. Abu-Izzedim 1984:181. Wann und besonders wie der Ǧunbulāṭ-Clan konvertierte, ist ein Mysterium, wie auch von Ben-Dor festgestellt wird; vgl. Ben-Dor 1979:47, Anm. 50. Kamāl Ǧunbulāṭ zufolge ist es möglich, dass die Familie schon in Aleppo drusisch war. Die sehr vorsichtige Formulierung Ǧunbulāṭs in diesem Fall ist bemerkenswert; vgl. Juomblatt 1982:27.

tet. Dieses Ereignis markiert den Beginn des Machtverlustes der drusischen Gemeinschaft.[77]

Während der Herrschaft der Maʿn-Dynastie befand sich das Zentrum der Drusen nach wie vor im Libanon, aber die Zahl der Drusen außerhalb des Libanon vergrößerte sich zusehends. Das trifft besonders auf die Migration nach Palästina[78] und in den Ḥaurān zu. Diese Migration setzte sich im 18. Jahrhundert fort, aber nicht aufgrund von Expansionsbestrebungen wie unter der Maʿn-Herrschaft, sondern als Flucht vor inneren Auseinandersetzungen im Libanongebirge. Diese Auseinandersetzungen fanden ihren Höhepunkt in der Schlacht von ʿAin Dārā 1711 zwischen den rivalisierenden Fraktionen Qaisī und Yamanī. Nach ihrer Niederlage fand ein regelrechter Exodus der Yamanīs in den Ḥaurān statt.[79]

Die Maʿn-Dynastie starb 1676 aus und Bašīr Šihāb I. wurde von den Notablen des Libanon mit der Erlaubnis der Osmanen zum neuen Emir gewählt. Die Šihābī waren Sunniten, aber sie traten die Nachfolge als Herrscher eines Emirats an, das von drusischen Feudalinteressen bestimmt wurde. Die Drusen waren nach wie vor die Feudalherren, während die Christen meistens Bauern waren, und so blieben die Drusen die stärkste politische Kraft. Die Šihābī versuchten zumindest bis Mitte des 18. Jahrhunderts, als die christlichen Maroniten immer mächtiger wurden, die Drusen nicht gegen sich aufzubringen.[80]

In der ersten Hälfte des 18. Jahrhunderts kommt es innerhalb der libanesischen Drusen zu einer Spaltung in zwei Fraktionen, die bis in die Gegenwart andauert: Ǧunbulāṭ und Yazbakī.[81] Die Schwächung der Position der libanesischen Drusen durch die Spaltung in die bei-

---

77   Vgl. Firro 1992:28.

78   Faḫr ad-Dīn II. war kurz Gouverneur von Safad in Galiläa; vgl. Salibi 1988:126.

79   Vgl. Abu Izzedin 1984:203; Firro 1992:28;31ff.

80   Vgl. Salibi 1965:3ff. Die Maronitische Kirche ist eine Kirche mit westsyrischer Liturgiesprache und seit 1182 dem Papst in Rom unterstellt. Im heutigen Libanon bilden die Maroniten die kopfstärkste christliche Religionsgemeinschaft; vgl. Hanf 1990:72.

81   Vgl. Schenk 2002:69f. Die Familie Arslān wurde erst im 19. oder frühen 20. Jh. zur führenden Familie der Yazbakī-Fraktion und war zuvor neutral. Aufgrund ihres Status als Emire standen die Arslāns „über den Dingen". Die Quellenlage ist uneindeutig; vgl. ebd., Anm. 191 sowie Salibi 1965:11.

den Fraktionen wurde noch verstärkt, als ab 1770 maronitische Emire aus der Šihāb-Dynastie regierten.[82]

Die Osmanen nutzten die Konflikte im Libanongebirge aus, um ihre eigene Position zu festigen. Ende des 18. und zu Beginn des 19. Jahrhunderts versuchten die Osmanen erfolgreich, die Kontrolle über die Drusen zu verstärken. Diese Entwicklung hatte einen weiteren Macht- und Bedeutungsverlust für die lokalen drusischen Machthaber zur Folge. Europäische Mächte fokussierten ebenfalls ihr Interesse und begannen sich in der Region zunehmend politisch zu engagieren. Strategisch geschickt bauten sie Klientelbeziehungen zu verschiedenen Religionsgemeinschaften auf.[83]

Im 19. Jahrhundert kam der Bedeutungsverlust der Drusen im Libanon durch verschiedene miteinander verknüpfte Ereignisse zu einem vorläufigen Ende.

Der maronitische Emir Bašīr Šihāb II. begann Anfang des 19. Jh. seinen Einfluss auszudehnen, sowohl territorial außerhalb des Libanongebirges, als auch überwiegend gegen die drusischen Feudalherren im Libanongebirge. Bašīr Šihāb II. spielte geschickt die verschiedenen Clans gegeneinander aus und beseitigte so die traditionelle feudale Hierarchie im Libanongebirge. Bašīr Ǧunbulāṭ, der zuvor mit Bašīr Šihāb II. kollaboriert hatte, gelang es, die verschiedenen drusischen Clans und Fraktionen zu vereinen; daraufhin stellte er sich gegen den Emir. Hier handelte es sich erstmals um einen offen ausgetragenen konfessionellen Konflikt zwischen Maroniten und Drusen, der von den Geistlichen auf beiden Seiten angeheizt wurde.[84] Dieser drusische Aufstand wurde 1825 blutig niedergeschlagen und sein Anführer Bašīr Ǧunbulāṭ gehängt. Damit wurden die Drusen im Libanongebirge ihrer

---

82 Vgl. ebd.:12.

83 Russland war die Schutzmacht der orthodoxen Christen; die katholischen Staaten, ganz besonders Frankreich, engagierten sich für die Maroniten. Die Briten entwickelten zuerst gute Beziehungen zu Juden, Sunniten und orthodoxen Christen in Großsyrien und konzentrierten sich dann zunehmend auf wichtige drusische Familien; vgl. Tarazi Fawaz 1994:23.

84 Vgl. Firro 1992:55ff.

verbliebenen effektiven Führung beraubt und die politische Dominanz der Drusen im Libanongebirge war endgültig beendet:[85]

The Emir (Bašīr II.), in effect, had dealt a last blow to Druze political dominance in the country; the Druzes never forgave him for it.[86]

Anfang des 19. Jahrhunderts kam es zu einer Umwälzung der Herrschaftsverhältnisse in Ägypten. Diese Entwicklung zog eine weitere Stufe im Niedergang der Drusen im Libanon nach sich. Muḥammad ʿAlī, einem osmanischen Offizier albanischer Herkunft, gelang es, zum von der Hohen Pforte *de facto* unabhängigen Herrscher von Ägypten zu werden. Nachdem er seine Herrschaft konsolidiert hatte, begann er mit der Expansion seines Herrschaftsgebietes. 1832 eroberten Muḥammad ʿAlīs Truppen unter seinem Sohn Ibrāhīm Paša Großsyrien von den Osmanen mit Hilfe von Bašīr Šihāb II.[87] Auf Seiten der Drusen gab es während der folgenden ägyptischen Herrschaft erheblichen Widerstand dagegen, in der Armee von Ibrāhīm Paša zu kämpfen, während sich viele Christen freiwillig rekrutieren ließen. 1838 erhoben sich die Drusen in einem blutigen Aufstand gegen die ägyptische Herrschaft, der grausam niedergeschlagen wurde. Als Konsequenz wurde die drusische Bevölkerung entwaffnet, die Christen durften im Gegensatz dazu ihre Waffen behalten. 1840 endete das ägyptische Intermezzo in Syrien.[88] Die Spannungen zwischen Muḥammad ʿAlī und den Osmanen hatten begonnen, Interessen der europäischen Großmächte zu gefährden, und als Muḥammad ʿAlī den alliierten Lösungsvorschlag nicht akzeptieren wollte, wurden Beirut und weitere Städte von europäischen Truppen besetzt und die osmanische Kontrolle wiederhergestellt.

Die kurzzeitige ägyptische Vorherrschaft in der Region ist für die drusische Geschichte deshalb von besonderer Bedeutung, da hiermit

---

85   Vgl. Salibi 1965:26f.

86   Ebd.:27, Ergänzungen durch den Verfasser TL. Eine ausführliche Bewertung der Regentschaft von Bašīr II. bietet Salibi; vgl. ebd.:18ff. Zur stark negativen Rezeption von Bašīr II. durch drusische Autoren („Geschichtsbruch") vgl. Schenk 2002: 224ff.

87   Khan 2005, online.

88   Vgl. Tarazi Fawaz 1994:23; sowie ausführlicher Firro 1992:66ff.

der Machtverlust der Drusen zugunsten der Maroniten im Libanongebirge zu einem vorläufigen Ende kam. Mit Muḥammad ʿAlī als Verbündeten hatte Bašīr Šihāb II. nämlich seinen Einfluss auf Kosten der drusischen Feudalherren weiter ausgebaut.[89]

In den Jahren 1841 und 1845 kam es zu religiös motivierten Gewalttaten zwischen Maroniten und Drusen. Die osmanische Regierung versuchte nach 1841 gegenzusteuern, indem das Libanongebirge in einen drusischen und einen maronitischen Subdistrikt unterteilt wurde. Der Erfolg dieser Maßnahme blieb aber aus, und im Laufe der Auseinandersetzungen 1845 wurden 14 drusische Dörfer durch Maroniten niedergebrannt.[90]

Zum offenen Bürgerkrieg zwischen Drusen und Maroniten kam es schließlich von 1858 bis 1860.[91] Die meisten der rund 12 000 Opfer dieser Auseinandersetzung waren Christen. Die Osmanen intervenierten in dieser Situation nicht, sondern ergriffen teilweise offen Partei gegen die Christen.[92] Die Angriffe auf Christen weiteten sich bis nach Damaskus aus, wo es sogar zu einem Pogrom kam. Die europäischen Mächte entschlossen sich schließlich zu einem gemeinsamen Eingreifen, aber nur Frankreich schickte 7000 Soldaten. Eine militärische Intervention der französischen Truppen gegen die Drusen konnte durch osmanische und britische Diplomatie verhindert werden, ebenso die drohende Exekution des drusischen Führers Saʿīd Ǧunbulāṭ.[93] Er starb aber schließlich 1861 in der Haft an Tuberkulose.[94]

Den ökonomischen Hintergrund dieses Konfliktes bildete der beginnende wirtschaftliche Aufstieg der Christen, besonders der Maroniten, mit nachhaltiger Unterstützung der Europäer. Die wirtschaftliche Emanzipation der Maroniten stand im Gegensatz zu den Interessen ihrer oft drusischen Feudalherren im Libanongebirge.[95] Es han-

---

89   Vgl. Salibi 1965:26f.

90   Vgl. Hitti 1957:435f.

91   Für eine ausführliche Abhandlung der Ereignisse von 1860 vgl. Tarazi Fawaz 1994.

92   Vgl. Hitti 1957:437f.

93   Vgl. Parsons 2000:8.

94   Vgl. Tarazi Fawaz 1994:188.

95   Vgl. ebd.: 23ff.

delte sich hierbei also nicht um eine rein religiös motivierte Auseinandersetzung.

Ab 1861 bekam das Libanongebirge einen von den europäischen Großmächten garantierten Autonomiestatus innerhalb des Osmanischen Reiches. Das Libanongebirge (ohne Beirut) war nun eine einzige Verwaltungseinheit (genannt *mutaṣarrifīya*) und wurde direkt von Istanbul aus regiert. Das Libanongebirge war eine von der Provinz Großsyrien abgetrennte Verwaltungseinheit unter einem christlichen Gouverneur, der nicht aus dem Libanon stammen durfte. Ein *Administrative Council* wurde ergänzend eingerichtet, in dem von insgesamt zwölf Mitgliedern vier Maroniten und drei Drusen waren. Die Drusen wurden entscheidend politisch geschwächt und hatten somit ihren Status als dominante Gemeinschaft im Libanongebirge an die Maroniten verloren. Das Zentrum der Drusen verlagerte sich in der Folge zunehmend in den Ḥaurān.[96]

Nach der Verlagerung des politischen Zentrums der Drusen in den Ḥaurān brachen dort weitere Konflikte aus. 1877–1879 kam es zu gewaltsamen Auseinandersetzungen mit der sunnitischen Bevölkerung und in der Folge zu einem Eingreifen der osmanischen Armee. Die Briten intervenierten daraufhin mit Erfolg auf Seiten der Drusen in Damaskus. Danach wurde ein drusischer Gouverneur, der Damaskus verantwortlich war, im Ḥaurān eingesetzt. Zu dieser Zeit begann sich die Familie al-Aṭraš zur führenden drusischen Familie im Ḥaurān zu entwickeln, und so stammte auch der erste drusische Gouverneur, Ibrāhīm al-Aṭraš, aus ihren Reihen.[97] Im Ḥaurān konnte demzufolge schon relativ früh erstmals eine legalisierte drusische Autonomie innerhalb des Osmanischen Reiches erreicht werden.

1896 brach im Ḥaurān erneut ein bewaffneter Konflikt mit Damaskus aus. Die Osmanen reagierten mit der Entsendung eines starken Truppenkontingents. Diesmal intervenierten die Briten nicht diplomatisch zu Gunsten der Drusen und diese mussten sich schließlich 1897 der militärischen Übermacht ergeben. Viele Aufständische

---

96   Vgl. Firro 1992:126; Hitti 1957:442.
97   Vgl. Firro 1992:196ff.

flohen daraufhin ins Exil und kehrten erst mit der Verkündigung einer Amnestie 1900 nach Syrien zurück.[98]

Auch nach der Machtergreifung der Jungtürken 1908 setzte sich der Konflikt mit den Osmanen um mehr Autonomie im Ḥaurān fort. Die Jungtürken verlangten, im Hinblick auf bevorstehende Wahlen für das Parlament in Istanbul, die Erfassung der Drusen im Ḥaurān im Zuge einer Volkszählung. Die Drusen sahen dies als eine gravierende Einschränkung ihrer Unabhängigkeit an und weigerten sich, diesem Verlangen nachzukommen. So wurden 1910 wieder Truppen entsandt und der Ḥaurān, der das Libanongebirge als *Ǧabal ad-Durūz* und politisches Zentrum abgelöst hatte, wurde direkter osmanischer Kontrolle unterstellt. Prominente drusische Würdenträger wurden im Zuge der Kampagne in Damaskus öffentlich gehängt. Für eine effektive Kontrolle des Gebiets aber wäre die dauerhafte Stationierung eines großen Truppenkontingents notwendig gewesen, und so kehrte der Ḥaurān nach dem Abzug der osmanischen Truppen 1911 wieder in seinen semiautonomen Status zurück.[99]

Durch den Beginn des Ersten Weltkriegs und den Ausbruch der Arabischen Revolte veränderten sich die politische Situation und damit auch die politischen Bündnisse in der Region schlagartig. Die Familie al-Aṭraš spaltete sich in eine pro-osmanische und eine arabisch-nationalistische Fraktion. Sulṭān al-Aṭraš rief die Drusen zum Schulterschluss mit den arabisch-nationalistischen Kräften auf und kämpfte an ihrer Seite bei der Schlacht um Damaskus 1918. Die Unterstützung war ausschlaggebend für die Bewahrung der Autonomie im *Ǧabal ad-Durūz* gegenüber Emir Faiṣal, der bis 1920 König von Syrien war.[100]

Nach dem Ende des Ersten Weltkrieges wurden die ehemaligen osmanischen Provinzen im Nahen Osten in Mandatsgebiete des Völkerbundes aufgeteilt: Der Irak, Transjordanien und Palästina kamen unter britische Verwaltung, Syrien und der Libanon unter französische. Faiṣals Herrschaft wurde 1920 von den Franzosen mit militärischen Mitteln beendet. Damit wurden nicht nur die arabischen

---

98   Vgl. Salih 1977.
99   Vgl. Firro 1992:242f.
100 Vgl. ebd.:249ff.

Nationalisten vor den Kopf gestoßen, sondern auch die Drusen. Sie waren nun mit der direkten Herrschaft der Franzosen konfrontiert und befürchteten eine Bevorzugung deren traditioneller christlicher Klientel. Unter der Kontrolle der alten britischen Verbündeten verblieb mit den Gemeinschaften in Palästina und Transjordanien nur noch ein Bruchteil der drusischen Bevölkerung.

Für die drusische Gemeinschaft bedeutete dies eine Aufteilung in drei (der Libanon und Syrien wurden getrennt verwaltet) separate Mandatsgebiete unter der Herrschaft von zwei Mandatsmächten. In jedem Mandatsgebiet waren die Drusen mit einem unterschiedlichen sozioökonomischen System und mit jeweils anderen Autoritäten konfrontiert. Besonders die ohnehin periphere drusische Gemeinschaft in Palästina wurde nun noch weiter von den Entwicklungen in den drusischen Zentren im Ḥaurān und im Libanongebirge isoliert. So gingen etwa in Syrien und dem Libanon viele junge Drusen aus den bedeutenden Familien in „ihre" Hauptstädte Beirut und Damaskus, wo sie von Ideen des arabischen Nationalismus beeinflusst wurden. Auf einige dieser drusischen Nationalisten werden wir unten noch genauer eingehen.

In Palästina fand hingegen keine vergleichbare Entwicklung statt.[101] Im Gegensatz dazu waren etwa in Syrien die Drusen um Sulṭān al-Aṭraš führend am Aufstand gegen die Franzosen 1925–1928 beteiligt.[102]

---

101 Vgl. Firro 1999:21.

102 Für eine ausführliche Darstellung des Aufstandes gegen die französische Mandatsmacht vgl. Firro 1992: 271ff sowie Schäbler 1996. Firro und besonders Birgit Schäbler widmen sich auch der Frage, inwieweit der Aufstand auf drusischer Seite arabisch-nationalistisch oder kommunal-drusisch motiviert war.

3 DIE DRUSEN IN ISRAEL

3.1 Die Drusen in Palästina unter der britischen Mandatsherrschaft

Zu Beginn der britischen Mandatsherrschaft in Palästina machten die Drusen mit etwa 7000 Einwohnern weniger als 1% der Gesamtbevölkerung aus. Sie leben bis heute in 18 Dörfern, davon 16 in Galiläa und zwei auf dem Karmel.[103] In mehr als der Hälfte dieser Dörfer machen Drusen die Mehrheit der Bewohner aus.[104] Bis in die 1930er Jahre waren ihre Bewohner zu 95% in der Landwirtschaft beschäftigt, wobei der Landbesitz relativ gleichmäßig unter den Familien eines Dorfes verteilt war. Der Einfluss der verschiedenen Familien ging daher kaum über das eigene Dorf hinaus. Mächtige Clans mit Großgrundbesitz wie die Arslāns und Ğunbulāṭs im Libanon oder die al-Aṭraš im Ḥaurān konnten sich in Palästina nicht etablieren. Das Fehlen von Großgrundbesitzern ermöglichte hingegen eine relative Machtfülle von manchen religiösen Würdenträgern, die ihren Einflussbereich über das eigene Dorf hinaus ausdehnen konnten. Ein Beispiel hierfür ist die Familie Ṭarīf aus Ğūlis, die Ende des 19. Jh. den Schrein des Propheten Nabī Šuʿaib wieder aufgebaut hatte, was die religiöse Autorität der Familie vergrößerte. Außerdem gelangte diese Familie zu Prominenz, als Muḥammad Ṭarīf von den Osmanen zum *qāḍī* (Richter) für die gesamte drusische Gemeinschaft in der Provinz Beirut ernannt wurde.[105] Bei seinem Tod 1928 war er über 40 Jahre das geistige Oberhaupt der Drusen in Palästina gewesen.[106] Die Familien Muʿaddī aus Yarkā und Ḥair

---

103 Vgl. Firro1992:314.

104 Vgl. Parsons 2000:17.

105 Vgl. Firro 1992:315. Das bedeutete, dass Muḥammad Ṭarīf für die Drusen in Beirut, Galiläa und dem Karmel zuständig war, aber z.B. nicht für das Libanongebirge; ebd. Anm. 6.

106 Vgl. Firro 1999:22.

aus Abū Snān konkurrierten mit der Familie Ṭarīf um die Vorherrschaft über die Drusen in Palästina.[107]

Die britische Mandatsverwaltung verweigerte den Drusen zunächst die Anerkennung als eigene Religionsgemeinschaft und stellte sie, als Muḥammad Ṭarīf 1928 verstarb, zunächst unter die religiöse Autorität der Sunniten. 1929 wurde aber schließlich von den britischen Behörden Salmān Ṭarīf als Nachfolger seines Vaters eingesetzt. Allerdings hatte der drusische *qāḍī* nur die Befugnis, Ehen zu schließen, zur Ehescheidung aber bedurfte es weiter des sunnitischen *qāḍī*.[108] Salmān Ṭarīf wurde außerdem zusätzlich als „the head of the Druze Community"[109] anerkannt. Die rivalisierenden Familien empfanden dies als eine offizielle Anerkennung der Vormachtstellung der Familie Ṭarīf, obwohl die Ernennung eigentlich auf religiöse Belange beschränkt wurde.[110] Besonders die Tatsache, dass sich Salmān Ṭarīf trotzdem in das politische Geschehen einmischte, führte zu Konflikten mit den konkurrierenden Familien.[111] Hier wird deutlich, dass die Vormachtstellung der Familie Ṭarīf ihren Ursprung vor der israelischen Staatsgründung hatte und in dieser Zeit von der britischen Mandatsmacht bestätigt wurde. Wie später ausgeführt wird, wurde die Position der Familie Ṭarīf aber erst durch den Staat Israel entscheidend gestärkt und konsolidiert.

Aufgrund der geographischen Isolation und der Tatsache, dass die lokale Politik von sunnitischen und christlichen Eliten dominiert wurde, das eigene politische Gewicht also minimal war, orientierten sich die palästinensischen Drusen an ihren Glaubensbrüdern in Syrien und im Libanon. Laila Parsons zufolge sahen sich die Drusen in Palästina zu dieser Zeit aufgrund ihres Partikularismus eher als Teil einer größeren drusischen Gemeinschaft denn als Teil einer sunnitisch dominierten palästinensischen Gemeinschaft. In Krisensituationen orientierten sie sich daher an den mächtigen Familien in Syrien und im Li-

---

107 Vgl. Firro 1992:315.
108 Vgl. ebd.:315ff.
109 Firro 1999:23.
110 Vgl. Firro 1999:23.
111 Vgl. Firro 1992:319.

banon.[112] Viele palästinensische Drusen hatten Verwandte im Ḥaurān,[113] wohin vom 17. Jahrhundert bis 1914 viele die ständig schrumpfende drusische Gemeinschaft in Palästina verlassen hatten.[114] Nachdem der Aufstand gegen die Franzosen 1925–1927 blutig niedergeschlagen worden war, flüchteten jedoch viele syrische Drusen zu ihren Glaubensbrüdern nach Palästina.[115]

In der frühen Periode der Mandatsherrschaft waren die Beziehungen zwischen Drusen und jüdischen Siedlern neutral. In den 1920er Jahren führte der vermehrte Zuzug von jüdischen Siedlern zu einem Anwachsen der Opposition auf arabischer Seite. Vor diesem Hintergrund kam es zu gewaltsamen Ausbrüchen im April 1920 und im Mai 1921. Bis 1929 folgte dann eine Periode relativer Ruhe.[116]

Während der Auseinandersetzungen zwischen Muslimen und Juden im Jahr 1929 nahmen die meisten drusischen Familien in Palästina eine neutrale Position ein, obwohl Drusen aus dem Ḥaurān an Angriffen auf jüdische Siedlungen beteiligt waren. Diese Position wurde gegenüber den Briten auch offiziell zum Ausdruck gebracht, was eng mit den Bemühungen um eine eigene Repräsentation im von den Briten eingerichteten *Legislative Council* zusammenhängen dürfte. Die Anstrengungen um eine eigene Repräsentation in der Legislative und die damit einhergehende Anerkennung als eigene Gemeinschaft wurden allerdings von den Briten ignoriert.[117]

Die Drusen hatten erkannt, welch starken Einfluss die Zionisten auf die Briten ausübten, und versuchten in der Folge, diesen Einfluss zu ihren Gunsten zu nutzen.[118] Parsons nennt noch einen weiteren Grund für den Partikularismus auf drusischer Seite während des Aufstandes von 1929: Der Aufstand hatte eine starke religiöse, sunnitische Komponente, wovon sich die Drusen nicht angesprochen fühlten. Da-

---

112 Vgl. Parsons 2000:18f.
113 Vgl. ebd.:18.
114 Vgl. Firro 1992:314.
115 Vgl. Parsons 2000:19.
116 Vgl. ebd.
117 Vgl. Firro 1992:317f.
118 Vgl. ebd.:323.

für spricht auch, dass nur sehr wenige Christen an den Gewalttaten beteiligt waren.[119]

Der Partikularismus der Drusen in Palästina im Zuge der Ereignisse von 1929 wurde von zionistischer Seite mit Interesse zur Kenntnis genommen. So berichteten mehrere zionistische Aktivisten Anfang der 1930er Jahre von der Möglichkeit, mit den Drusen freundschaftliche Beziehungen aufzubauen.[120]

1929 war auch das Gründungsjahr der *Jewish Agency*. Dort wurde im Zuge der Gewaltausbrüche die Notwendigkeit erkannt, mit der lokalen arabischen Bevölkerung Kontakte aufzubauen. In diesem Sinne wurde 1930 von der *Jewish Agency* und dem *Jewish National Council* das *Joint Bureau for Arab Affairs* gegründet. Schnell begann man sich innerhalb des *Joint Bureaus* für die Drusen zu interessieren. Tavia Ashkenazi, der als Agent in Damaskus tätig war, bereiste in diesem Zusammenhang im Sommer 1930 die drusischen Gebiete Syriens. Die Drusen im Ḥaurān waren von besonderem Interesse, da sie seit dem Aufstand gegen die französische Mandatsmacht eine Reputation als ernstzunehmende militärische Kraft in der Region hatten. Die Bemühungen um Beziehungen zu den Drusen in Syrien und auch im Libanon stehen in einem engen Zusammenhang mit einer Orientierung der *Jewish Agency* auf den Aufbau von Kontakten mit Minderheiten im Nahen Osten während der späten 1930er Jahre.[121]

Die Option einer Allianz mit ethnischen und religiösen Minderheiten in der Region wurde innerhalb der zionistischen Bewegung von zwei verschiedenen Gruppen vertreten. Die erste Gruppe war ein loser Zusammenschluss von extremen Vertretern des Zionistischen Revisionismus, die von Paris aus ein *mosaic of minorities*[122] als Ordnung des Nahen Ostens propagierten. Diese Gruppe konnte nie einen nennenswerten Einfluss auf die zionistische Politik nehmen. Die zweite Gruppierung war in keiner Form organisiert und hatte für ihr Interesse an einer Allianz mit Minderheiten keine ideologischen Hintergründe.

---

119 Vgl. Parsons 2000:20.
120 Vgl. Firro 1992:323.
121 Vgl. Parsons 2000:20ff.
122 Eisenberg 1994:29.

Diese bedeutendere Gruppierung war einzig am praktischen Nutzen solcher Bündnisse für die Ziele des Zionismus interessiert. Die Option einer solchen Allianz war kein Teil der offiziellen Politik der *Jewish Agency*, sondern wurde von verschiedenen Protagonisten innerhalb der *Jewish Agency* mehr oder weniger auf eigene Initiative ausgeführt.[123] Das Ziel bestand darin, sich in der Region mit nicht-muslimischen (d.h. nicht-sunnitischen) oder nicht-arabischen Kräften zu verbünden. Grund dafür war, dass es kaum möglich erschien, einen starken arabischen (sunnitischen) Führer zu finden, der zur Zusammenarbeit mit der *Jewish Agency* bereit war. So konzentrierte man sich auf Länder, die eher in der Peripherie des arabisch-zionistischen Konfliktgebiets lagen, wie die Türkei, den Oman und Äthiopien, sowie auf Minderheiten wie die Maroniten im Libanon, die Schiiten, die Kurden im Irak, die Tscherkessen oder eben die Drusen.[124] Ahron Haim Cohen, ein Mitarbeiter des Nachrichtendienstes der *Jewish Agency*, fasste 1937 die Perspektive einer Allianz der Zionisten mit Minderheiten in der Region wie folgt zusammen:

> *„This is the way to establish light and inspiration within the dark Arab ocean around us. ... Maybe tomorrow we will be able to consolidate them into one bloc that will be inspired by us and will strenghten our position.“*[125]

Der spätere israelische Staatspräsident Yitzhak Ben-Zivi war zu diesem Zeitpunkt Vorsitzender des *National Council* und Co-Direktor des *Joint Bureau for Arab Affairs*. Er war einer der ersten wichtigen politischen Persönlichkeiten der zionistischen Bewegung, der Interesse an den Drusen zeigte. Wie sein Mitarbeiter Ahron Haim Cohen war er Arabist.[126] Ben-Zivi setzte sich 1930, nach dem Mord an einem Polizisten, für die Freilassung des drusischen Verdächtigen ein und vermittelte zwischen Drusen und Briten. In der Folge intensivierte Ben-Zivi

---

123 Vgl. ebd.:28f.

124 Vgl. ebd.:21.

125 Zit. nach ebd.:33, Auslassungen durch den Verfasser TL.

126 Vgl. Parsons 2000:21. Das Interesse von Ben-Zivi war auch von wissenschaftlicher Natur und begleitete ihn den Rest seines Lebens; vgl. ebd:151, Anm. 11.

seine Bemühungen um gute Beziehungen zwischen der zionistischen Bewegung und den Drusen.[127] Im selben Jahr noch konnte Ben-Zivi von seinem Netzwerk profitieren, als es ihm mit der Hilfe von Scheich Salmān Ṭarīf gelang, einen Streit zwischen Juden und Drusen im Dorf Buqaiʿa/Pekiʿin zu schlichten. Auf diese Weise demonstrierte Ben-Zivi innerhalb der zionistischen Bewegung die Nützlichkeit von freundschaftlichen Kontakten mit den Drusen in Palästina.[128]

Auf der anderen Seite wurde die Frage der Beziehungen zu den Zionisten ein Faktor in den Rivalitäten zwischen drusischen Familien in Palästina. Wie bereits erwähnt, konkurrierten die Familien Ḫair und Muʿaddī mit den Ṭarīf um die Vorherrschaft in der Gemeinschaft. Es kam zu Treffen von Cohen und Ben-Zivi mit ʿAbdallāh Ḫair, der im Begriff war, die *Druze Society Union* zu gründen. ʿAbdallāh Ḫair wollte mit der *Druze Society Union* die Vorherrschaft der Familie Ṭarīf beenden und die Gemeinschaft politisch organisieren. Er stellte unter anderem die Kontrolle der Familie Ṭarīf über die Stiftung (*waqf*) für den Schrein des Propheten Nabī Šuʿaib in Frage, was die Machtbasis der Ṭarīfs angriff. Die drusische Gemeinschaft war zunehmend zwischen den beiden Machtpolen Ḫair und Ṭarīf gespalten. ʿAbdallāh Ḫair war der erste palästinensische Druse, der an der amerikanischen Universität von Beirut studiert hatte und war den Zionisten gegenüber aufgeschlossen. Die Zionisten waren wiederum an einer politischen Organisation als Gesprächspartner interessiert, die für sie eher durchschaubar war als die traditionellen Machtstrukturen. Wir werden später in dieser Arbeit sehen, dass sich diese Einstellung im Staat Israel in das Gegenteil gewendet hat.

Ḫair vermittelte besonders Cohen viele Kontakte zu Drusen in der Gemeinschaft. Cohen bereiste wochenlang die drusischen Dörfer in Palästina und verfasste darüber einen ausführlichen Bericht. Dieser Bericht stellte in den nächsten Jahren die Basis für die zionistische Politik gegenüber den Drusen dar und ist daher von besonderer Bedeu-

---

127 Vgl. Firro 1992:323f.
128 Vgl. Parsons 2000:22f.

tung: Das Thema Drusen wurde erstmals innerhalb der *Jewish Agency* institutionalisiert.[129]

Die Polarisierung in der drusischen Gesellschaft Palästinas zwischen den Unterstützern der Familien Ḫair und Ṭarīf führte sogar zu gewaltsamen Auseinandersetzungen in verschiedenen Dörfern und erreichte ihren Höhepunkt während der jährlichen Pilgerreise zum Schrein von Nabī Šuʿaib. Verschiedene religiöse und auch politische Führer der libanesischen Drusen versuchten zwischen beiden Parteien zu vermitteln.[130] Als Folge dieser Vermittlungsversuche musste sich Salmān Ṭarīf zugunsten seines Bruders Amīn zurückziehen, der sich in der Folge als spirituelles Oberhaupt der Gemeinschaft etablieren konnte.[131] ʿAbdallāh Ḫair gab in der Folge enttäuscht von dem geringen Zuspruch seine politischen Ambitionen auf und begann für die britische Mandatsverwaltung zu arbeiten.[132] Die Familie Ḫair hatte letztlich den Machtkampf verloren, während die Position der Ṭarīf weiter gestärkt wurde.[133]

Die Mehrheit der Drusen blieb 1936, während der Auseinandersetzungen zwischen Zionisten und Palästinensern, neutral, da die Gemeinschaft noch mit ihren internen Problemen beschäftigt war. Einige Drusen aus dem Libanon und Syrien schlossen sich aber dem palästinensischen Aufstand an.[134]

Zwei prominente jüdische Politiker versuchten die Drusen davon abzuhalten, sich dem palästinensischen Aufstand 1936 anzuschließen: Yosef Nahmi und Abba Hushi. Yosef Nahmi, der zuvor schon mit Ben-Zivi zusammengearbeitet hatte, war in Tiberias Repräsentant der *Jewish Agency* und unterhielt gute Kontakte zu den Drusen im Nordos-

---

129 Vgl. ebd.:23f.

130 Vgl. Firro 1992:320.

131 Vgl. Firro 1999:25.

132 Vgl. Parsons 2000:25. ʿAbdallāh Ḫair versuchte später für die *Knesset* zu kandidieren, gab aber dieses Vorhaben aufgrund der heftigen Anfeindungen seiner Mitbewerber auf. Er wanderte, enttäuscht von der „politischen Unreife" der eigenen Gemeinschaft, nach London aus; Interview mit Shakeeb Salih am 24. Juli 2009 in Mġār.

133 Vgl. Firro 1992:320.

134 Vgl. ebd.:328f.

ten von Galiläa.[135] Abba Hushi hatte besonders gute Kontakte mit der Familie Abū Rukun aus ʿIsfiyā aufgebaut. Diese Kontakte zu weniger prominenten Akteuren waren nach dem politischen Bedeutungsverlust von Ḫair wichtig geworden, da sich die Familie Ṭarīf sehr partikularistisch verhielt und den Kontakt mit externen politischen Kräften auf ein Minimum reduzierte.[136] Abba Hushi, der spätere Bürgermeister von Haifa, war damals Sekretär der zionistischen Gewerkschaft *Histadrut* in Haifa und hatte vielen Drusen Arbeit im örtlichen Hafen verschafft. Im August 1936 aktivierte Hushi seine Kontakte zur Familie Abū Rukun, um auch die Drusen im Libanon und in Syrien davon abzuhalten, sich den palästinensischen Rebellen anzuschließen. Yūsuf al-ʿAiasamī, ein ehemaliger Mitstreiter von Sulṭān al-Aṭraš, wurde angeworben, um Einfluss auf die Drusen im Ḥaurān auszuüben.[137]

Die andauernde Neutralität der meisten Drusen in Palästina ließ sie in den Augen der palästinensischen Rebellen zunehmend als potentielle Verbündete der Zionisten erscheinen. Im Oktober und November 1938 kam es zu mehren Angriffen palästinensischer Rebellen auf die beiden drusischen Dörfer auf dem Karmel, ʿIsfiyā und Dāliyat al-Karmal. Bei dem Angriff im November kam es in ʿIsfiyā zu mehren Todesopfern auf drusischer Seite, unter ihnen Ḥasan Abū Rukun. Die Familie Abū Rukun bat ihre jüdischen Kontakte in Haifa um Hilfe, welche die britische Armee verständigten. Die britische Armee tötete in der Folge viele der Rebellen. Diese Ereignisse trieben einen Keil zwischen Moslems und Drusen in der Region Haifa. Viele, die persönliche Verluste in diesen Auseinandersetzungen erlitten hatten, waren 1948 führend bei der Kooperation mit den Zionisten. Die wenigen Drusen, welche die Nationalisten unterstützt hatten, stellten ihr Engagement nach diesen Ereignissen ein. Die Übergriffe von nationalisti-

---

135 Vgl. Parsons 2000:27.

136 Vgl. Firro 1992:327.

137 Vgl. ebd.:331f. Firro zufolge befindet sich in den israelischen Archiven kein Dokument, das von Sulṭān al-Aṭraš unterzeichnet wurde. Auch Hushi, der gemeinsam mit Ḥasan Abū Rukun nach Syrien reiste, traf erst später ihm zusammen; vgl. ebd.:334f. Seine Einstellung gegenüber den Zionisten kann daher nicht mit Sicherheit bestimmt werden.

scher Seite führten zugleich zur vermehrten Unterstützung des „jüdischen Lagers" unter den Drusen.[138]

Ein Plan der Zionisten, die Drusen vor diesem Hintergrund zur Migration in den Ḥaurān zu motivieren, kam nicht zustande, da sich die Beziehungen zwischen Muslimen und Drusen wieder normalisierten.[139] Interessanterweise wurde der Transferplan schon 1937, also vor den Angriffen auf ʿIsfiyā, erstmals von Elayahu Cohen, einem Mitarbeiter von Abba Hushi, formuliert.[140] 1938, nach den Angriffen, hatte es Abba Hushi geschafft, schließlich mit Sulṭān al-Aṭraš zusammenzutreffen. Dieser zeigte sich über die Lage der Drusen in Palästina betroffen, gab aber keine konkreten Zusagen.[141]

In ʿIsfiyā wurde 1940 auf die Initiative von Labīb Abū Rukun und Ṣāliḥ Ḥanaifis,[142] die beide Familienmitglieder in den Kämpfen verloren hatten, eine örtliche Sektion des *Histadrut* gegründet. So wurde auf lokaler Ebene ein Rahmen für drusisch-jüdische Kooperation geschaffen.[143] Labīb Abū Rukun und Ṣāliḥ Ḥanaifis hatten in dieser Periode des palästinensischen Aufstandes eng mit Abba Hushi zusammengearbeitet und wurden in den 1950er Jahren Abgeordnete der *Knesset*. Nach dem Angriff auf ʿIsfiyā und Dāliyat al-Karmal gab es nun endgültig ein Bündnis zwischen Drusen und Zionisten. Dieses Bündnis wurde mit der Gründung einer Sektion des *Histadrut* institutionalisiert. Es war allerdings nur auf einen kleinen Teil der Drusen in Palästina, nämlich auf den Karmel, beschränkt. Die Gemeinschaften in Galiläa, also die Mehrheit der Drusen in Palästina, waren darin nicht mit einbezogen.

---

138 Vgl. Parsons 2000:28f.

139 Zu detaillierten Ausführungen über den Transferplan vgl. Firro 1992:337ff.

140 Vgl. Firro 1999:26.

141 Vgl. Firro 1992:341.

142 Der religiöse Führer Scheich Ḥasan Ḥanaifis aus Šafā ʿAmr, der Vater von Ṣāliḥ Ḥanaifis, wurde im Jänner 1939 ermordet, als er eine benachbarte jüdische Siedlung verließ. Sein Sohn kontaktierte daraufhin über Labīb Abū Rukun die Zionisten; vgl. Firro 1999:27.

143 Vgl. Parsons 2000:29f.

3.2 Kontakte der Zionisten zu den drusischen Gemeinschaften in Syrien und im Libanon

Labīb Abū Rukun, Ṣāliḥ Ḥanaifis sowie Yūsuf al-ʿAiasamī kooperierten auch in der ersten Hälfte der 1940er Jahre über Abba Hushi mit den Zionisten. Ihre Aktivitäten waren mehrheitlich auf den Ḥaurān fokussiert und weniger auf die Drusen in Palästina. Das Ziel bestand nach wie vor darin, Sulṭān al-Aṭraš zu bewegen, eine wohlwollende Position gegenüber den Zionisten einzunehmen. Die drei versuchten Abba Hushi und andere Vertreter der Zionisten davon zu überzeugen, dass sie Einfluss auf Sulṭān al-Aṭraš hätten, was in der Realität gar nicht der Fall war. Dadurch verbesserten sie nicht nur ihre Position gegenüber den Zionisten, sondern sie legitimierten damit auch innerhalb der drusischen Gemeinschaft ihre zionistischen Kontakte.[144]

Bezüglich der libanesischen Drusen war es den Zionisten nicht möglich gewesen, mit der Familie Arslān, die während der Mandatszeit die mächtigere der beiden Fraktionen unter den libanesischen Drusen repräsentierte, Kontakte zu knüpfen. Die Arslāns waren größtenteils arabisch-nationalistisch ausgerichtet und daher prinzipiell gegen alle Kolonialmächte in der Region eingestellt, wozu sie auch die Zionisten zählten. Šakīb Arslān pflegte sogar eine gewisse Nähe zu den Achsenmächten. Maǧīd Arslān, der 1948 libanesischer Verteidigungsminister war, versammelte 1948 drusische Führer aus Galiläa und versuchte, allerdings vergeblich, sie von einem Separatfrieden mit den Zionisten abzuhalten.[145]

In 1946, dem Jahr von Šakīb Arslāns Tod, änderte die Ǧunbulāṭ-Fraktion laut Kais Firro ihre grundsätzliche politische Linie und orientierte sich zusehends in Richtung arabischer Nationalismus und Sozialismus.[146] Naẓīra Ǧunbulāṭ, die Mutter von Kamāl Ǧunbulāṭ, die vorübergehend die Ǧunbulāṭ-Fraktion angeführt hatte, pflegte vorher sehr wohl Kontakte zu Vertretern der *Jewish Agency*. Bei diesen Zusammentreffen ist es aber offenbar zu keinen konkreten Ergebnissen

---

144 Vgl. Firro 1999:30.
145 Vgl. Gelber 1995:238. Zur Familie Arslān vgl. S. 129ff. dieser Arbeit.
146 Vgl. Firro 1999:32.

gekommen.[147] Die Veränderung der politischen Ausrichtung der Ǧunbulāṭ-Fraktion gipfelte 1949 in der Gründung der *Parti Socialiste Progressiste* (PSP) durch Kamāl Ǧunbulāṭ.[148] Damit schied auch die Ǧunbulāṭ-Fraktion als potentieller Verbündeter der Zionisten aus.

Der Fokus der Zionisten im Libanon lag generell auf guten Kontakten zu den Maroniten, die ähnlich wie die Drusen im Ḥaurān als
wichtiger politischer Machtfaktor angesehen wurden. Sollte die Unterstützung für die Maroniten einen Antagonismus bei den libanesischen
Drusen gegenüber den Zionisten hervorrufen, dann wurde aus der
Sicht der *Jewish Agency* ein solcher Effekt in Kauf genommen.[149]

Yoav Gelber weist anhand von Primärquellen nach, dass im Arabisch-Israelischen Krieg neben Maroniten auch libanesische Drusen
hinter den Linien Sabotageakte für die IDF durchführten. Diese „few
Druze and Maronite youngsters from villages in southern Lebanon"[150]
hatten ihre Dienste im Oktober 1948 angeboten.[151]

Matthew Hughes, der über die libanesische Rolle im Arabisch-Israelischen Krieg 1948 geforscht hat, bewertet die Kollaboration zwischen Israel und libanesischen Elementen 1948 folgendermaßen:

*While there is no concrete evidence to support a "collusion across
the Litani thesis" ... there is no doubt that the opposition of some*

---

147 Vgl. Eisenberg 1994:65f. Eisenberg geht leider nicht genauer auf die Kontakte zwischen Naẓīra Ǧunbulāṭ und der Jewish Agency ein. Es heißt lediglich allgemein:
„Although the Druze often expressed an enthusiasm for cooperation with the
Zionists, the uncertainty of their position within Lebanon and Druze-French an-
imosity suggested that the Druze had neither the autonomy nor the resources re-
quired of an effective ally beyond the local level."; ebd.:66. Bei Atashi ist ein Bericht über eine Reise in den Libanon 1936 abgedruckt, die Zāyid Abū Rukun im
Auftrag der eigenen Familie und Repräsentanten der Jewish Agency unternahm,
um die libanesischen Drusen davon abzuhalten, sich dem Aufstand der Palästinenser anzuschließen. Auch hier wird Naẓīra Ǧunbulāṭs Haltung als den Zionisten gegenüber freundlich gesinnt beschrieben; vgl. Atashi 1997:42f.
148 Vgl. Firro 1999:32.
149 Vgl. Parsons 2000:51. Zu dem Bericht eines jüdischen Historikers, der 1944 das
Šūf-Gebirge bereiste und von einer positiven Einstellung der dortigen Drusen gegenüber den Zionisten berichtete vgl. ebd.:49f. Der Effekt des Berichts bei den
Verantwortlichen auf zionistischer Seite bleibt unklar.
150 Gelber 1995:241.
151 Vgl. ebd.

sections of Lebanese society to any war with Israel – notably the Maronites but also some Druze – combined with weak military capabilities to curtail the involvement of the Lebanese Army in 1948–49.[152]

Möglicherweise gab doch drusische Kreise im Libanon, die den Zionisten freundlicher gesinnt waren als die zwei dominierenden Familien Arslān und Ǧunbulāṭ. Oder sollte es sich bei den Sabotageakten um eine politisch gänzlich isolierte Aktion handeln?

Wie bereits erwähnt, hatte es 1936 Versuche gegeben, über palästinensische Drusen Einfluss auf die Gemeinschaft im Libanon auszuüben, um zu verhindern, dass sich libanesische Drusen dem Aufstand in Palästina anschließen.[153] Naǧīb Ṣfair, ein libanesisch-maronitischer Aktivist und Befürworter einer Allianz mit den Zionisten, arrangierte 1938 ein Treffen zwischen Eliahu Sasson von der *Jewish Agency* und verschiedenen libanesisch-drusischen Führern, die eine drusisch-maronitisch-zionistische Allianz vorschlugen.[154]

Während die *Jewish Agency* sich durchaus bemühte, die Drusen im Ḥaurān, in der Person des Kriegshelden Sulṭān al-Aṭraš, zu kooptieren, waren die Bemühungen im Libanon primär eher auf die Maroniten als auf die Drusen fokussiert. Im Libanon stellten die Arslāns als mächtigste drusische Familie keine Option dar und die Kontakte mit Naẓīra Ǧunbulāṭ, als Anführerin der damals deutlich schwächeren Ǧunbulāṭ-Fraktion, führten zu keinen konkreten Ergebnissen. Eine kleine Minderheit der libanesischen Drusen kooperierte aber mit den Zionisten, auch im Arabisch-Isaelischen Krieg 1948–1949.

---

152 Hughes 2007:206, Auslassungen durch den Verfasser TL. Der Terminus „collusion across the Litani" ist eine Anspielung auf das Buch von Avi Shlaim *Collusion across the Jordan: King Abdullah, the Zionist Movement, and the Partition of Palestine*, in dem Absprachen zwischen König ʿAbdallāh von Jordanien und den Zionisten aufgearbeitet werden. Es gilt als zentrales Werk der neuen israelischen Geschichtsschreibung.

153 Vgl. Gelber 1992:354.

154 Vgl. Eisenberg 1994:32f.

3.3 Die Drusen im Arabisch-Israelischen Krieg 1947–1948

3.3.1 Die Drusen in den ersten Kriegsmonaten

Am Anfang des Krieges brachten die drusischen Führer in Palästina keine pro-jüdische Position zum Ausdruck, man versuchte sich aus dem Konflikt möglichst herauszuhalten. Jene Familien und Einzelpersonen aus den Dörfern ʿIsfiyā, Dāliyat al-Karmal und Šafā ʿAmr nahe Haifa, die schon in der Mandatszeit gute jüdische Kontakte gehabt hatten, pflegten diese aber weiterhin. Auf drusischer Seite waren, was die drusisch-jüdischen Kontakte betrifft, Labīb Abū Rukun und Ṣāliḥ Ḥanaifis führend.[155] Letzterem gelang es auch, Scheich Ğabr Muʿaddī aus Yarkā im westlichen Galiläa auf die pro-jüdische Seite zu ziehen.[156] Wichtig ist festzuhalten, dass Abū Rukun und Ḥanaifis nur lokal bedeutend waren und ihr Einfluss nicht an den der Familie Ṭarīf heranreichte, die sich weiter neutral verhielt.[157] Die Drusen im westlichen Galiläa blieben aber im Allgemeinen auch während des Bürgerkrieges in den Ausbau der drusisch-israelischen Beziehungen wenig involviert.[158]

Auf jüdischer Seite wurde durch den SHAI, dem Nachrichtendienst der *Hagana*,[159] sowie der *Arab Section* der *Jewish Agency* weiter aktiv daran gearbeitet, die drusisch-jüdischen Beziehungen zu festigen. Von einem guten Verhältnis zu den Drusen in Palästina erwartete man sich nach wie vor gleichzeitig ein gutes und vor allem friedliches Verhältnis zu Sulṭān al-Aṭraš und so zu den militärisch stark eingeschätzten Drusen im Ḥaurān.[160]

Die Rahmenbedingungen für zionistische Kontakte in den Ḥaurān hatten sich unterdessen verändert. Die finanziellen Mittel für Kontakte mit den Drusen waren stark eingeschränkt worden, zusätzlich musste Abba Hushi nun belegen, was mit den ihm zu Verfügung ste-

---

155 Vgl. Parsons 2000: 55f.
156 Vgl. Gelber 1995:229.
157 Vgl. Firro 1999:30.
158 Vgl. Parsons 2000:56.
159 Vorläuferorganisation der israelischen Armee vor der Staatsgründung.
160 Vgl. ebd.; Gelber 1995:229.

henden Geldmitteln passierte. Außerdem begann der SHAI alle Aktivitäten, die auf den Ḥaurān abzielten, zu kontrollieren.[161]

Im Laufe des Dezember 1947 nahmen die Feindseligkeiten zwischen Juden und Arabern auch im Norden Palästinas an Intensität zu. Damit stieg auch der Druck auf die Drusen, sich auf arabischer Seite zu beteiligen. Im Juli 1947 kam es zu blutigen Auseinandersetzungen innerhalb der drusischen Gemeinschaft des Ḥaurān. Hintergrund waren schon seit den 1930er Jahren andauernde Streitigkeiten über den Grad der Integration des *Ǧabal ad-Durūz* in den syrischen Staat. Im November, zur gleichen Zeit als der UN-Teilungsplan für Palästina diskutiert und beschlossen wurde (29. November 1947), flammte dieser Konflikt wieder auf.[162] Für die Drusen im Ḥaurān lag der Fokus von Juli bis Dezember 1947 deshalb auf der Lösung der internen Auseinandersetzungen.[163]

Die Position der Drusen im Ḥaurān betreffend die Situation in Palästina schien sich Mitte Dezember 1947 zu wandeln. Versuche, dort Drusen für die *Arab Liberation Army* (ALA)[164] zu rekrutieren, wurden allerdings von den Briten als gescheitert angesehen. Es gab aber auch Berichte, wonach Sulṭān al-Aṭraš die Rekrutierungen unterstützt haben soll. Yoav Gelber erklärt die undurchsichtige Haltung von Sulṭān al-Aṭraš damit, dass er in den Jahren 1946/47 mit König ʿAbdallāh über einen Anschluss des *Ǧabal ad-Durūz* an Transjordanien konspirierte.[165] Sulṭān al-Aṭraš besuchte im Jänner 1948 einige Dörfer in Palästina. Ein prominenter Druse aus Maǧdal Šams auf den Golanhöhen namens Kamāl al-Kanǧ informierte die eigene Dorfgemeinschaft über die Neutralität von Sulṭān al-Aṭraš und darüber, dass dieser von ihnen ebenfalls eine neutrale Haltung erwarte.[166] Al-Kanǧs Position zu diesem Zeitpunkt bleibt unklar, da es auch Berichte gab, dass er das Po-

---

161 Vgl. Firro 1999:30f.

162 Vgl. ebd.:35.

163 Für einen Überblick über die Geschehnisse im Ḥaurān 1947 vgl. Landis 2007:182f.; Schäbler 1996.

164 Eine von der Arabischen Liga aufgestellte Freiwilligenarmee, die bereits im Jänner 1948 in Palästina aktiv war, vor der Invasion der arabischen Staaten.

165 Vgl. Gelber 1995:230f.

166 Vgl. Parsons 2000:57.

tential an Rekruten im Kampf gegen die Juden ausloten wollte. Genauso unklar ist, ob er tatsächlich in Sulṭāns Namen sprach. Gelber zufolge bot er sich als Informant der *Arab Section* der *Jewish Agency* an und wurde auch angeheuert.[167]

Manche einflussreichen Drusen, oder solche, die den Anschein erweckten Einfluss zu haben, versuchten auch, sich für ihre Neutralität oder Unterstützung von der jüdischen Seite bezahlen zu lassen. So unterbreitete Sulṭān al-Kanǧ, der Bruder von Kamāl al-Kanǧ, Abba Hushi ein Angebot, mit 300 Mann in jüdische Dienste zu treten. Yoav Gelber zufolge sah man dort keinen Grund für diese Investition und Sulṭān al-Kanǧ trat daraufhin mit 150 Männern der ALA bei.[168] Ein anderes Beispiel für Versuche, auf drusischer Seite klingende Münze aus den jüdischen Kontakten zu schlagen, ist Ṣāliḥ Ḥanaifis. Er schlug einen Neutralitätspakt zwischen drusischen Scheichs und den Zionisten vor, wobei jeder Scheich mit 50 bis 100 Pfund bezahlt werden sollte. Eine offizielle Reaktion auf dieses Angebot ist von jüdischer Seite nicht belegt.[169]

Im Jänner 1948 kam es zu einem Konflikt zwischen drusischen Scheichs aus ʿIsfiyā und dem Anführer der Muslimbrüder in Haifa. Anlass der Auseinandersetzung war ursprünglich der Mord an einem Drusen in Haifa. Zusehends aber wurde das Verhältnis der Drusen zu den Zionisten das beherrschende Thema. Die Drusen gaben an, keine klare Position einnehmen zu können, solange im Ḥaurān keine diesbezügliche Entscheidung getroffen werde. Der Druck auf die Drusen, in diesem Krieg eindeutig Farbe zu bekennen, verstärkte sich zunehmend, korrespondierend mit einer Intensivierung des Kriegsgeschehens. Das trifft nicht nur für die Drusen zu, sondern ganz allgemein für die Araber in Palästina. Vor diesem Hintergrund kam es auch zu

---

167 Vgl. Gelber 1995:232. Kamāl al-Kanǧ wurde 1972 durch ein israelisches Gericht zu lebenslanger Haft wegen Spionage für Syrien verurteilt; vgl. S. 92f dieser Arbeit.

168 Vgl. ebd.:233.

169 Vgl. Parsons 2000:59f; Gelber 1995:232. Bei Gelber hat man den Eindruck, es handele sich um ein Abkommen betreffend viele Scheichs in ganz Palästina, während Parsons konkret von Šafā ʿAmr spricht. Ihr zufolge wurde von Ḥanaifis nur ein ähnliches Abkommen mit dem Vater von Kamāl al-Kanǧ, Scheich Asʿad al-Kanǧ, in Maǧdal Šams auf dem Golan in Aussicht gestellt.

vereinzelten Aktionen gegen die jüdische Seite durch palästinensische Drusen: So wurde z.B. am 7. Februar ein jüdischer Konvoi von einem Trupp von etwa 60 Drusen überfallen, was einige Todesopfer auf jüdischer Seite forderte, und im März wurde eine kleine drusische Einheit am Berg Karmel durch das *Arab National Committee* aufgestellt. Weitere derartige Fälle sind laut Parsons nicht bekannt. Die genannten belegen aber, dass es tatsächlich zu pro-arabischen Aktionen von palästinensischen Drusen gekommen ist.[170]

Die einschlägige Literatur ist sich darüber einig, dass die Mehrheit der Drusen in Palästina eine neutrale Position einnahm. Ob das aber mit einer angeblichen Neutralität von al-Aṭraš oder eher mit dem Wunsch von mehrheitlich unpolitischen Drusen, nicht in einen Krieg hineingezogen zu werden, zusammenhängt, ist schwer zu sagen. Auch der finanzielle Aspekt scheint eine Rolle gespielt zu haben, wie z.B. im Fall von Kamāl al-Kanǧ. Parsons weist darauf hin, dass auch die meisten muslimischen Palästinenser nicht in den Konflikt hineingezogen werden wollten und der einzige große Unterschied zwischen Muslimen und Drusen in der Position ihrer Führer bestand: Manche drusische Führer näherten sich an die Juden an und erklärten sich solidarisch mit ihnen.[171]

3.3.2 Das drusische ALA-Bataillon

Im Ḥaurān wurde von Šakīb Wahhāb ein drusisches ALA-Bataillon aufgestellt. Wahhāb war ein Profi auf seinem Gebiet: Er hatte im Ersten Weltkrieg in der osmanischen Armee gedient, nahm 1926 am syrischen Aufstand gegen die Franzosen und am palästinensischen Aufstand 1936–1939 teil, kämpfte im Zweiten Weltkrieg in der freifranzösischen Armee sowie als Hauptmann im drusischen Regiment der britischen Armee. Nach dem Zweiten Weltkrieg war er Offizier in der syrischen Armee, aus der er im Frühjahr 1948 ausschied, um der ALA beizutreten. Sulṭān al-Aṭraš erlaubte die Aufstellung des Bataillons möglicherweise nur, um den Frieden im *Ǧabal ad-Durūz* nach den

---

170 Vgl. Parsons 2000:61f.
171 Vgl. ebd.:58.

Auseinandersetzungen im Laufe des Jahres 1947 zu wahren. Für diese Auffassung spricht, dass er erst sehr spät dem Wunsch der Arabischen Liga nach einem drusischen Bataillon nachkam und außerdem sehr darauf bedacht war, dass das Bataillon nicht als Einheit der Drusen aus dem Ḥaurān wahrgenommen wurde. So erlaubte Sulṭān nicht die Aufstellung unter dem Namen *Bataillon Ǧabal ad-Durūz* statt *Bataillon Ǧabal al-Arab*.[172] Auch Wahhāb selbst hatte klare arabisch-nationalistische Ziele und sprach auch offen aus, dass seine Einheit keine speziellen drusischen Ziele verfolgen würde: „It is known to all that we have no Druze aims (in this war) but that we merely professionals who receive salaries..."[173] Das Bataillon umfasste bei seiner Aufstellung insgesamt 500 Mann.[174]

Als Standort von Wahhābs Bataillon wurde Šafā ʿAmr bestimmt, eine Stadt mit drusischen, christlichen und muslimischen Bewohnern. Die Lage von Šafā ʿAmr zwischen den Dörfern am Karmel und den drusischen Siedlungen im westlichen Galiläa war strategisch wichtig. Am 30. März 1948 erreichte das Bataillon die Stadt.[175]

In der zweiten Aprilwoche 1948 kam es zur ersten Feindberührung. Im Gefecht nahe dem Kibbuz Ramat Yohanan, im Nord-Osten von Haifa, konnte man nach fünftägigen Kämpfen gegen die *Hagana* als Sieger das Feld verlassen, verlor aber unmittelbar danach die zwei Dörfer, von denen aus die eigentliche Attacke gestartet worden war. Das Bataillon musste sich daraufhin nach Šafā ʿAmr zurückziehen. Obwohl die *Hagana* letztlich siegreich gewesen war, hatte sich das drusische Bataillon von Wahhāb als ernst zu nehmender Gegner erwiesen.[176]

Am 20. April kam es ohne Wissen von Wahhāb zu einem Treffen zwischen Offizieren aus dem Bataillon und einer jüdischen Delegation

---

172 Vgl. ebd.:62; Gelber 1995:233.

173 Zit. nach Parsons 2000:65, Ergänzung im Original, Auslassung durch den Verfasser TL.

174 Vgl. ebd.:62; Gelber 1995:233.

175 Vgl. Parsons 2000:63.

176 Vgl. ebd.:66ff; *Hagana*-Quellen sprechen von möglicherweise 25 getöteten und 42 verwundeten Juden sowie auf drusischer Seite (inkl. lokaler irregulärer Kräfte) von 110 Toten sowie ca. 100 Verwundeten; vgl. ebd.:159, Anm. 51.

in der jüdischen Ortschaft Kiryat Amal. Ein Teilnehmer bei diesem Treffen war auch Moshe Dayan, der die jüdische Delegation anführte und damals als Oberstleutnant im Generalstab der *Hagana* für nachbarschaftliche Beziehungen mit den Arabern zuständig war. Außerdem waren auch Geura Zayd vom SHAI und Labīb Abū Rukun anwesend.[177] Dayans Bruder war in den Kämpfen um Ramat Yohanan gefallen und die drusische Delegation befürchtete deshalb Blutrache. Dayan konnte aber die Befürchtungen der drusischen Delegation zerstreuen.[178] Man kam überein, dass sich das Bataillon in der Zukunft nicht mehr an Feindseligkeiten gegenüber Juden beteiligen würde. Parsons zufolge schlug die drusische Delegation vor, das Bataillon direkt in die Carmeli Brigade der *Hagana* einzugliedern. Dayan antwortete, dass er eine solche Entscheidung nicht treffen könne und mit Yigal Yadim, dem *Chief of Operations* der *Hagana*, Rücksprache halten müsse.[179] Laut Firro war es aber Dayan selbst, der vorschlug, das Bataillon zu einer bezahlten Einheit, welche die IDF unterstützen sollte, zu machen.[180] Bei einem zweiten Treffen einige Tage später[181] informierte Dayan die drusischen Offiziere von der Entscheidung, die Aufnahme des Bataillons in die *Hagana* zu verschieben. Es wurde aber vereinbart, dass sich die drusischen Offiziere an einer Reihe von Sabotageakten im oberen Galiläa beteiligen – und außerdem ihre Kameraden zur Desertion anstiften sollten.[182]

Von welcher Seite die Initiative zu diesem Treffen ausgegangen war, lässt sich anhand der Sekundärliteratur nicht vollständig klären. Parsons zufolge wurde ein Treffen zwischen Offizieren des Bataillons und Geura Zayd erstmals von Labīb Abū Rukun vorgeschlagen und

---

177 Vgl. Gelber 1995:235; Parsons 2000:69.

178 Moshe Dayan berichtet darüber in seiner Autobiographie: „Ich aber empfand Zoriks Tod ausschließlich als mein persönliches Leid, das mit der Mission, auf der ich mich befand, nichts zu tun hatte. Meine Aufgabe bestand lediglich darin, den Feind zum Freund zu gewinnen oder zumindest zu erreichen, daß er sich neutral verhielt.“ Dayan 1978:68.

179 Vgl. Parsons 2000:69f.

180 Vgl. Firro 1999:50. Firro stützt sich auf die Aufzeichnungen des Beteiligten Ḥalīl Bašīr Qunṭār.

181 Das genaue Datum ist nicht bekannt; vgl. Parsons 2000:159, Anm. 59.

182 Vgl. ebd.:70.

54

von einem aus dem *Ǧabal* stammenden Drusen namens Ḫalīl Bašīr Qunṭār, der sich am Karmel niedergelassen hatte, arrangiert.[183] Gelber betont, dass die Initiative klar von einer Gruppe von Offizieren des Bataillons ausging, nachdem diese der *Hagana* bei den Kämpfen um Ramat Yohanan unterlegen waren: „This rout cooled their enthusiasm to challenge the Jews and several officers immediately dispatched messengers to the nearby settlement and asked to meet with the Haganah's representatives."[184] Weder Abū Rukun noch Qunṭār werden von Gelber im Zusammenhang mit dem Treffen erwähnt. So werden auch Bestrebungen von jüdischer Seite hinsichtlich der Organisation des Treffens negiert, vielmehr wird der Eindruck erweckt, als ob die Initiative allein von Teilen des Bataillons ausging. Interessanterweise erwähnt Gelber, im Unterschied zu Parsons, Bemühungen von Abba Hushi, noch vor den Kämpfen um Ramat Yohanan mit dem Bataillon in Kontakt zu treten. Leider wird nicht erwähnt, in welcher Form die Kontaktaufnahme stattfand und zu welchem Ergebnis sie führte.[185] Es kann auf jeden Fall davon ausgegangen werden, dass auf jüdischer Seite ein großes Interesse an einer Absprache mit Wahhābs Bataillon bestand, und daher ist die Annahme auch naheliegend, dass diesbezüglich die Initiative ergriffen wurde.

Šakīb Wahhāb war in die Absprachen mit den Zionisten nicht direkt involviert, hörte aber wahrscheinlich Gerüchte darüber und geriet deshalb zusehends in eine missliche Lage. In diesem Zusammenhang muss man sich auch die arabischen Niederlagen in dieser Periode vergegenwärtigen: z.B. in Kassel am 10. April, in Tiberias am 18. April und, aus Wahhābs Sicht in unmittelbarer geographischer Nähe, in Haifa am 22. April. Dazu kommt das Massaker an der Zivilbevölkerung durch den Irgun am 9. April im Dorf Dair Yāsīn.[186]

Noch im April war es zu den ersten Desertationen gekommen und die Einstellung der Bewohner von Šafā ʿAmr gegenüber dem Bataillon wurde zunehmend feindselig. Wahhābs eigenen Ausführungen zufol-

---

183 Vgl. ebd.; Firro 1999:50.
184 Gelber 1995:235.
185 Vgl. ebd.:234.
186 Vgl. Firro 1999:49.

ge war die Bevölkerung an guten Beziehungen mit den Juden interessiert, was in einem klaren Gegensatz zu der Mission der Einheit stand. In der ersten Maiwoche 1948 sandte Wahhāb zwei Berichte an das Hauptquartier der ALA, in denen er seine missliche Lage darlegte und Unterstützung anforderte. Nachdem er keine Antwort erhalten hatte, kam es am 9. Mai, zwei Tage nach dem zweiten Bericht an das ALA-Hauptquartier, zu einem Treffen zwischen Wahhāb und Josh Palmon vom SHAI. Auch mit ihm wurde nun ein Nichtangriffspakt vereinbart.[187]

Am 14. Mai 1948, dem Tag des britischen Rückzugs aus Palästina, griff die *Hagana* Akko an. Die Bewohner riefen Wahhāb und sein Bataillon um Hilfe, was dieser nach Rücksprache mit seinen jüdischen Kontakten ausschlug. Akko wurde daraufhin innerhalb von drei Tagen erobert.[188] Am selben 14. Mai wurde schließlich der Staat Israel ausgerufen und die IDF gegründet; daraufhin drangen die Armeen des Irak, Syriens, des Libanon, Transjordaniens und Ägyptens in Palästina ein.

Ende Mai 1948 waren bereits über die Hälfte der Soldaten des Bataillons aus Šafā ʿAmr desertiert und nach Syrien zurückgekehrt. Die verbliebenen Soldaten waren einer immer stärker werdenden Ablehnung durch die Einwohner ausgesetzt, was unter anderem auf Vergewaltigungen von einheimischen Frauen durch Soldaten des Bataillons zurückzuführen war. Hinzu kam, dass sich das Verhältnis zwischen Sunniten und Drusen wegen der Gerüchte über Kontakte des Bataillons zur jüdischen Seite verschlechterte. Lokale muslimische Kräfte rückten am 23. Mai mit 150 bis 300 Mann in der Stadt ein und ersetzten das Bataillon von Wahhāb.[189]

Infolge der Invasion der arabischen Armeen zog sich die ALA zurück, um sich zu reorganisieren. Das Bataillon von Wahhāb wurde

---

187 Vgl. Parsons 2000:71f. Bezüglich der Vermittlerrolle herrscht bei Parsons und Gelber Uneinigkeit: während Parsons von der Involvierung von Ṣāliḥ Ḥanaifis, Labīb Abū Rukun und Kamāl Wahhāb, dem Sohn und Stellvertreter von Šakīb Wahhāb, schreibt, ist bei Gelber die Rede von der Vermittlung durch Ǧabr Muʿaddī; vgl. ebd.; Gelber 1995:235.

188 Vgl. Parsons 2000:73.

189 Vgl. ebd.:76f.

nach Mālkiya an die libanesische Grenze verlegt. Die Kontakte mit Wahhāb blieben trotzdem bestehen und das Bataillon trat, noch vor dem Angriff der IDF auf das Dorf am 28. Mai, kampflos den Rückzug an. Während des Waffenstillstands im Juni/Juli 1948 löste sich das Bataillon endgültig auf. Die meisten Männer kehrten nach Syrien zurück, einige blieben aber auch in Palästina und siedelten sich in den drusischen Dörfern an. Nur 50 von anfangs 500 Soldaten des Bataillons kämpften weiter für die ALA. [190]

Das ALA-Batallion konnte auf jeden Fall erfolgreich durch Verhandlungen beeinflusst – und schließlich neutralisiert werden. Die Mitglieder dieser Einheit, die sich in Palästina ansiedelten, kämpften später auch auf israelischer Seite. Die Beeinflussung von Wahhābs Bataillon markiert den Beginn einer militärischen Kooperation Israels mit den Drusen, die im Verlauf des Krieges noch weiter intensiviert wurde und bis heute das Verhältnis der Drusen zum jüdischen Staat prägt.

3.3.3 Die Eroberung von Šafā ʿAmr

Auf den von der UN erzwungenen Waffenstillstand von 11. Juni bis 8. Juli 1948 folgte eine Periode der intensiven Kämpfe bis zum zweiten Waffenstillstand, der am 18. Juli begann. In dieser Periode wurden viele wichtige palästinensische Städte wie Lydda, Ramle und Nazareth von der IDF erobert. Das ultimative Ziel von *Operation Dekel* war die Eroberung von Nazareth, aber auch von verschiedenen Dörfern in Galiläa inklusive Šafā ʿAmr, das schließlich am 14. Juli 1948 eingenommen wurde. Die Umstände der Eroberung sind höchst komplex und ihre Darstellung unterscheidet sich je nach Quelle. [191] Einige Tage vor dem Angriff der IDF war es zu einem Treffen zwischen Drusen aus Šafā ʿAmr und anderen Dörfern mit einer jüdischen Delegation gekommen. Die drusische Abordnung brachte klar ihre Unterstützung für die jüdische Seite zum Ausdruck und fragte nach einer Besetzung ihrer Dörfer durch die IDF. Kurz vor der Eroberung, am 13. Juli, kam

---

190 Vgl. Gelber 1995:235f.
191 Vgl. Parsons 2000:78.

es zu einem weiteren Treffen von IDF-Offizieren mit Ṣāliḥ Ḥanaifis und einem weiteren einflussreichen Drusen aus Šafā ʿAmr, wo das gemeinsame Vorgehen besprochen wurde.[192]

Um Mitternacht begann der Angriff der IDF, wobei bei der Eroberung des drusischen Viertels die Kämpfe gestellt waren. Ben Dunkelmann, der Kommandant der angreifenden IDF-Brigade, beschreibt die Ereignisse wie folgt:

> „*They and the Druze defenders fired harmlessly over each others head's. The attackers quickly passed through the Druze lines, entering the village and taking the Moslems from rear. Within short time, the whole village was securely in our hands.*"[193]

Diese Ereignisse blieben nicht unbemerkt und vergrößerten die bereits vorhandenen Spannungen zwischen Muslimen und Drusen, die des Verrats beschuldigt wurden.[194] Nach der Eroberung wurden im Dorf Drusen und auch Christen gegenüber Muslimen, die teilweise deportiert wurden, von der IDF bevorzugt.[195]

Die Eroberung von Šafā ʿAmr und die Kooperation der Drusen mit den Israelis sollte auch im Kontext der Eroberung von Lydda und Ramla durch die IDF ein bzw. zwei Tage zuvor betrachtet werden, wo die gesamte palästinensische Bevölkerung geflohen war. Die Flucht und Deportation der meisten Muslime aus Šafā ʿAmr aber hatte eine größere militärische Auswirkung. Es entstand eine Panik in den umliegenden muslimischen Dörfern. Dadurch wurde deren Eroberung selbst, aber auch in der Folge die Einnahme von Nazareth, das ultimative Ziel der *Operation Dekel*, viel einfacher. So konnten handfeste militärische Vorteile aus der politischen Interaktion mit den Drusen gezogen werden, die auch den politischen Entscheidungsträgern auf höchster Ebene nicht verborgen blieben.[196]

---

192 Vgl. ebd.:81f.
193 Zit. nach ebd.:83.
194 Vgl. Gelber 1995:236.
195 Vgl. Parsons 2000:85f.
196 Vgl. ebd.:84.

3.3.4 Israelische Aktivitäten hinsichtlich der Drusen im westlichen Galiläa

Zu Beginn der zehn Tage zwischen dem ersten und dem zweiten Waffenstillstand, vom 8. Juli bis 18. Juli 1948, gab es gute Kontakte auf israelischer Seite mit drusischen Führern, die der israelischen Seite positiv gegenüber standen. Diese Kontakte waren aber noch immer größtenteils auf ʿIsfiyā, Dāliyat al-Karmal und Šafā ʿAmr beschränkt. Durch *Operation Dekel* hatte die IDF große Teile des zentralen Galiläa, Nazareth und eben auch Šafā ʿAmr erobert, wodurch die drusischen Dörfer im westlichen Galiläa in den unmittelbaren Focus rückten.[197] Am 23. Juni kam es zu einem Treffen mit drusischen Führern aus den Dörfern Abū Snān, Yarkā und Ǧūlis, worauf weitere Zusammenkünfte folgten. Es wurde vereinbart, dass es von drusischer Seite keine Feindseligkeiten gegenüber Juden geben würde. Außerdem würde die israelische Seite vorbeugende Maßnahmen zur Verteidigung der Dörfer gegen etwaige Angriffe der ALA in Form von Baumaterial und einigen wenigen Waffen unterstützen. Im Falle eines tatsächlichen Angriffes von arabischer Seite auf die drei drusischen Dörfer wäre die IDF zur Hilfe verpflichtet. Die IDF dürfe hingegen, für den Fall, dass der Waffenstillstand breche, die Dörfer nach einem inszenierten Kampf besetzen.[198] Man kam also zu einem ähnlichen Arrangement wie zuvor in Šafā ʿAmr. Die drusischen Wünsche nach Schutz vor der ALA wurden vor dem Hintergrund von zunehmenden Spannungen zwischen Muslimen und Drusen im Norden Palästinas geäußert. Hier zeigten sich die Auswirkungen der Eroberung von Šafā ʿAmr, bei der die Drusen erstmals entscheidend für die israelische Seite Partei ergriffen hatten.[199]

Während des zweiten Waffenstillstands, der im Norden bis Ende Oktober 1948 anhielt, versuchten die Israelis auch Kontakte zu den drusischen Dörfern zu knüpfen, die noch unter Kontrolle der ALA standen. Ende Juli waren bereits Signale aus Mġār gekommen, dass die Drusen dort an einer Eroberung des Dorfes durch die Israelis interes-

---

197 Vgl. ebd.:85f; Gelber 1995:236.
198 Vgl. Parsons 2000:86.
199 Vgl. Gelber 1995:236.

siert seien.[200] Bei der Besetzung von Mǧār wurden Augenzeugen zufolge öffentlich Muslime exekutiert und die Überlebenden zum Verlassen des Dorfes aufgefordert, Christen und Drusen durften hingegen bleiben.[201] Kontakte wurden auch mit den drusischen Dörfern in der Gegend des Berg Ǧirmaq (Bait Ǧan, Ḥurfaiš und Buqaiʿa/Pekiʿin) aufgenommen. Dem Verlangen der Israelis, Sabotageakte hinter den Linien der ALA durchzuführen, kamen die Repräsentanten der drei Dörfer aber mit dem Hinweis auf das Risiko nicht nach. Ein solcher praktischer Beweis der drusischen Loyalität wurde hingegen von Oberst Ben Dunkelman, der eine wichtige Rolle in den drusisch-jüdischen Beziehungen in dieser Periode spielte, eingefordert. Dieses Verlangen kann durchaus in Zusammenhang mit der Haltung der drusischen Bewohner von Yānūḥ und Ǧat stehen. Dort war die ALA in die drusischen Dörfer einmarschiert, ohne auf Widerstand zu treffen. Außer in Yānūḥ und Ǧat waren nämlich in keinem drusischen Dorf Truppen der ALA stationiert.[202]

3.3.5 Die Gründung der israelischen *Minorities Unit*

Die Gründung der *Minorities Unit* der IDF erfolgte im Sommer 1948. Während des ersten Waffenstillstands von 19. Juni bis 9. Juli gab es Bemühungen, durch pro-israelische drusische Akteure junge Drusen aus ʿIsfiyā und Dāliyat al-Karmal für eine neue israelische Minderheiteneinheit zu rekrutieren. Neben dem Sold war das schlagendste Argument für eine Verpflichtung bei der *Minorities Unit* der freie Zugang zu den Feldern, der einen wichtigen Faktor während der Erntezeit darstellte. Außerdem wurden Familien mit Mitgliedern in der *Minorities Unit* bei der Erteilung von Reise- und Transporterlaubnissen bevorzugt. Zu den Freiwilligen aus Dāliyat al-Karmal und ʿIsfiyā kamen ir-

---

200 Vgl. Firro 1999:69. Mǧār ist das östlichste von Drusen bewohnte Dorf in Galiläa und liegt nahe dem See Genezareth. Die Bewohner sind mehrheitlich Drusen, aber es gibt eine christliche und eine muslimische Minderheit.

201 Vgl. Pappe 2008:206. Pappe bezieht sich auf die Arbeit des drusischen Autoren Salmān Naṭūr.

202 Vgl. Gelber 1995:237f. Yānūḥ und das viel kleinere Ǧat liegen in unmittelbarer Nähe zueinander.

60

reguläre Kräfte, die sich schon zuvor den Israelis angeschlossen hatten: Ehemalige Soldaten und Offiziere der ALA (auch aus Wahhābs Bataillon) und der regulären syrischen Armee, muslimische Beduinen, einige Drusen aus dem Karmel, sowie Tscherkessen. Anfang 1949 war die *Minorities Unit* auf 850 Soldaten und Offiziere angewachsen: 400 Drusen (wovon 80 aus dem Libanon und aus Syrien kamen), 200 Beduinen, 100 Tscherkessen und 150 jüdische Offiziere und anderes professionelles Militärpersonal.[203] Drusen stellten demnach den bei weitem größten Teil der *Minorities Unit.*

Auf israelischer Seite war die Etablierung der *Minorities Unit* militärisch von geringerer Bedeutung als von politischer: Man erwartete sich einen Effekt auf die Drusen im Ḥaurān und deren Haltung gegenüber Israel. Einen ähnlichen Plan verfolgte Israel laut Parsons auch mit den Tscherkessen.[204]

Die israelische Propaganda machte von der *Minorities Unit* intensiven Gebrauch in der psychologischen Kriegsführung. Radioprogramme in Arabisch stellten die Zusammenarbeit der verschiedenen Gemeinschaften in Kontrast zur Situation von ethnischen und religiösen Minderheiten in den arabischen Staaten. Auch Flugblätter konfrontierten feindliche Soldaten mit Drusen und Tscherkessen als mögliche Gegner und sollten zur Desertion anstiften.[205] Yacov Shimoni, der in der Nahostabteilung des israelischen Außenministeriums tätig war, beschrieb die Rolle der Drusen im Zusammenhang mit der Rekrutierung für die IDF als

the sharp blade of a knife to stab in the back of Arab unity.[206]

Für die Drusen am Karmel stellte die Beteiligung an der *Minorities Unit* eine irreversible Entscheidung für die israelische Seite dar. Ein

---

203 Vgl. ebd.:240; Firro 1999:57; Parsons 2000:106.

204 Vgl. ebd.:104. Ob Parsons die jordanischen und/oder die syrischen Tscherkessen meint, bleibt unklar. Zum zionistischen Konzept einer Allianz mit Minderheiten in der Region, einem *mosaic of minorities,* vgl. S. 40f dieser Arbeit.

205 Vgl. Gelber 1995:242.

206 Shimʿoni an E. Sasson, 16. August 1948, zit. nach Firro 1999:58. Dieses Zitat verwendete auch der *Knesset*-Abgeordnete Saʿīd Naffāʿ in einem E-Mail an den Verfasser; E-Mail von Saʿīd Naffāʿ am 14. Mai 2010.

wichtiger Aspekt, der auch von den Israelis durchaus so wahrgenommen wurde.[207]

3.3.6 *Operation Hiram*, die Eroberung von Yānūḥ und deren Folgen

Am 15. Oktober 1948 wurde der zweite Waffenstillstand von Israel gebrochen und *Operation Yoav* eingeleitet, um die ägyptische Armee aus der Negev-Wüste zu vertreiben. Im Norden wurde der Waffenstillstand erstmals am 22. Oktober durch die ALA, die den Kibbuz Manara angriff, gebrochen. Am 29. Oktober 1948 wurde dann von der IDF *Operation Hiram* gestartet.[208] Das eigentliche Ziel der Operation war die Eroberung des oberen Galiläa, das unter der Kontrolle der ALA gestanden hatte.[209]

Die Obed-Brigade, der die *Minorities Unit* unterstellt war, sollte von Westen her in das Gebiet unter ALA-Kontrolle eindringen und das Zentrum des Gebiets besetzen, inklusive Taršīḥā, wo die ALA ihre Truppen konzentrierte. Yānūḥ, mit fast ausschließlich drusischer Bevölkerung, war von strategischer Bedeutung, um Taršīḥā angreifen zu können. Parsons zufolge waren die drusischen IDF-Soldaten zuerst von den Bewohnern Yānūḥs freundlich begrüßt worden, die Obed-Brigade musste sich aber kurz darauf zurückziehen und regruppieren, da ein anderes strategisch wichtiges Dorf nicht erobert werden konnte. Die drusischen IDF-Soldaten, die oberhalb von Yānūḥ Stellung bezogen hatten, konnten nicht über den Rückzug informiert werden, da der Funkkontakt zusammengebrochen war. Es kam zu einem Gegenangriff der ALA auf Yānūḥ. Unterstützt wurde die ALA dabei durch Bewohner von Yānūḥ und Ġaṯ, einem kleineren drusischen Dorf in unmittelbarer Nähe. Drei jüdische Offiziere und mindestens 13 drusische IDF-Soldaten starben bei der Attacke. Die Einheit konnte sich nur mit massiver Artillerieunterstützung überhaupt zurückziehen. Taršīḥā

---

207 Vgl. Parsons 2000:104.
208 Vgl. Shlaim 2007:98f.
209 Vgl. Parsons 2000:111.

wurde schließlich erst einen Tag später von einer anderen Brigade der IDF erobert.[210]

Die meisten der während *Operation Hiram* gefallenen Soldaten der IDF (insgesamt ca. 20) starben bei Yānūḥ.[211] Für die Israelis und natürlich ganz besonders für die drusischen IDF-Soldaten war das Verhalten der Bewohner von Yānūḥ und Ǧaṯ schockierend. Erstens war man in der IDF zu diesem Zeitpunkt generell der Auffassung, dass die Drusen in Galiläa auf der israelischen Seite stünden, und zweitens hatte es während des zweiten Waffenstillstands Absprachen zwischen Bewohnern von Yānūḥ und Ǧaṯ und der IDF gegeben. Rund einen Monat vor *Operation Hiram* gab es laut einem IDF-Memo ein Abkommen mit den Einwohnern von Yānūḥ und Yarkā, das eine fingierte Verteidigung durch die Einwohner wie in Šafā ʿAmr vorsah. Bis vor dem Tag der geplanten Eroberung war allerdings kein weiterer Kontakt mit den Einwohnern von Yānūḥ aufgenommen worden.[212]

Wo nun genau der Fehler in der Kommunikation zwischen den Bewohnern von Yānūḥ und der IDF gelegen hat, dafür gibt es verschiedene Erklärungen. Eine beinhaltet, dass Ǧabr Muʿaddī, der am Tag vor der Eroberung als Emissär der IDF nach Yānūḥ geschickt worden war, um das fingierte Gefecht zu planen, Informationen an die ALA weitergab. Eine andere Version besteht darin, dass Muʿaddī einen Boten geschickt hatte, der von der ALA gefangen genommen wurde. Einwohner von Yānūḥ berichteten davon, dass der syrische Kommandeur im Dorf die Einwohner massiv unter Druck setzte, damit sie sich am Kampf gegen die IDF beteiligten. Ein anderer Augenzeuge berichtete, dass die Bewohner von Yānūḥ überhaupt nichts von einem Arrangement mit der IDF wussten.[213] Gelber schreibt die Ereignisse von

---

210 Vgl. Parsons 2000:111ff. Laut Gelber fielen bei Yānūḥ 14 drusische IDF-Soldaten; vgl. Gelber 1995:239.

211 Vgl. Morris 2008:348.

212 Vgl. Parsons 2000:100.

213 Vgl. ebd.:113f. Parsons (wie auch Firro) bezieht sich, was die Darstellung der Ereignisse von Yānūḥ betrifft, auf den drusisch-israelischen Autor Raǧāʿ Faraǧ. Dieser stammt selbst aus Yānūḥ und hat verschiedene Zeugen der Ereignisse interviewt.

Yānūḥ hingegen der schlechten Koordination zwischen jüdischen und drusischen Agenten zu.[214]

Der Umgang mit den Ereignissen von Yānūḥ und Ǧat stellte nicht nur die israelischen Autoritäten vor ein Problem, sondern vor allem die drusische Gemeinschaft im neuen israelischen Staat. Zwölf der bei Yānūḥ gefallenen drusischen IDF-Soldaten kamen aus ʿIsfiyā und Dāliyat al-Karmal. Die Hintergründe, wie es überhaupt zu den Vorgängen von Yānūḥ kommen konnte, wurden nicht aufgeklärt, obwohl das nicht nur von Familienangehörigen der toten Soldaten, sondern z.B. auch von Mishe Yitah, dem Direktor des Büros für Minderheitenangelegenheiten in Haifa, gefordert wurde. Stattdessen wurde die Angelegenheit wie eine ordinäre Fehde zwischen drusischen Dörfern in Galiläa und am Karmel behandelt. Eine Versöhnung sollte durch einen traditionelle *ṣulḥ* (sinngemäß Versöhnung) erreicht werden. Veranlasst wurde der *ṣulḥ* von jüdischen Offizieren der *Minorities Unit* unter dem Vorsitz von Yacov Barzani, von dem man annahm, dass er aufgrund seiner kurdisch-jüdischen Abstammung mit den arabischen Bräuchen vertraut war. Involviert waren auch viele der üblichen Protagonisten der drusisch-jüdischen Beziehungen wie z.B. Josh Palmon, Labīb Abū Rukun und Ṣāliḥ Ḥanaifis. Beschlossen wurde der *ṣulḥ* mit einer Zeremonie im Camp der *Minorities Unit* mit dem Ergebnis einer Bußgeldzahlung von 1000 Lire, die die Einwohner von Yānūḥ und Ǧat an die Familien *jedes* getöteten Soldaten zu zahlen hatten. Barzani lehnte im letzten Moment das Bußgeld für die getöteten *jüdischen* Soldaten ab. Er begründete dies wie folgt: Die Einwohner der beiden Dörfer hätten betrogen, und Juden und ihre Ehre seien für Betrüger nicht käuflich. Interessant ist hier, dass ganz klar zwischen toten Drusen und toten Juden unterschieden wurde, die offensichtlich für die IDF, entgegen allen Beteuerungen, doch nicht gleich viel wert waren.[215]

Mit dem *ṣulḥ* waren die Einwohner von Yānūḥ und Ǧat allein für die Ereignisse während *Operation Hiram* verantwortlich gemacht, und es war somit keine offizielle Untersuchung mehr notwendig, was etwa die Rolle von Ǧabr Muʿaddī betraf. Andererseits festigte der *ṣulḥ* die

---

214 Vgl. Gelber 2000:239.
215 Vgl. Firro 1999:71f; Parsons 2000:117f.

drusisch-jüdischen Beziehungen weiter: Die IDF bzw. der neue Staat Israel war zu einem entscheidenden Akteur auch in inner-drusischen Angelegenheiten geworden.

Trotz der missglückten Eroberung von Yānūḥ bedeutete *Operation Hiram* einen großen Sieg für Israel im Norden: Die ALA wurde aus Galiläa vertrieben, die reguläre syrische Armee nach Osten zurückgedrängt, die libanesische Armee zum Rückzug gezwungen, und im Gegenzug wurden 14 Dörfer im Südlibanon besetzt. Der zentrale Teil Galiläas, der zuvor von der ALA kontrolliert wurde, hatte eine große Menge von arabischen Bewohnern, wozu auch noch Flüchtlinge aus anderen Teilen Galiläas kamen. Ein großer Teil dieser Bevölkerung wurde von der IDF vertrieben und floh in den Libanon.[216]

Im Gegensatz dazu blieben im Arabisch-Israelischen Krieg 1947/48 generell fast alle palästinensischen Drusen und kein einziges Dorf wurde „evakuiert". Dieser Umstand ist bemerkenswert, bedenkt man, dass die Einwohner von Yānūḥ und Ǧaṯ aktiv gegen die IDF Widerstand geleistet hatten, trotz einer angeblichen gegenteiligen Vereinbarung mit der IDF. Im Fall des Dorfes ar-Rāma, mit einer christlichen Mehrheit und einer drusischen Minderheit, wurde kein Widerstand gegen die IDF geleistet. Trotzdem wurde in ar-Rāma die christliche Bevölkerung vertrieben, während die Drusen bleiben durften. Hier wird augenfällig, dass eine pro-drusische Policy auf israelischer Seite existiert haben muss.[217]

---

216 Vgl. Morris 1987:218; Shlaim 2007:99.

217 Vgl. Parsons 2000:120f. Parsons widerspricht dem Standpunkt von Benny Morris in *The birth of the Palestinian refugee problem, 1947-1949*, demzufolge es keine explizite Policy zur Behandlung der verschiedenen religiösen – oder ethnischen – Gruppen gegeben hat, sondern nur eine „instinktive" Behandlung, welche sich aus der jeweiligen Situation ergab. Vgl. dazu auch Parsons Ausführungen im Kontext der Debatte zwischen Morris und Nur Massalah/Norman Finkelstein in Parsons 2007:60. Morris nennt fälschlicherweise das Dorf ʿAmqa als ein Beispiel, wo Drusen aus ihrem Dorf vertrieben worden seien, um seine Aussage zu untermauern. Parsons weist nach, dass dieses Dorf schon seit über einem Jahrhundert nicht mehr von Drusen bewohnt wurde. Dieser Fehler bzgl. ʿAmqa wurde auch von Ilan Pappe übernommen; vgl. Morris 1987:199; Pappe 2008:214f; Parsons 2000:121.

3.4 Die Drusen im Staat Israel

3.4.1 Integration, Kooptierung und „Entarabisierung"

Mit der für Israel erfolgreichen *Operation Hiram* war der Krieg im
Norden im Großen und Ganzen vorbei. Die drusischen Führer, die das
Risiko einer Kooperation mit den Israelis eingegangen waren, sahen
sich nun bestätigt. Trotzdem herrschte unter der gesamten arabischen
Bevölkerung im Norden große Unsicherheit. Auch nach *Operation Hiram* kam es zu Vertreibungen von ganzen Dörfern durch die IDF oder
der Verweigerung der Rückkehr in die Dörfer. Das betraf auch christliche Dörfer, die nicht mit der ALA kooperiert hatten.[218] Die Drusen
konnten sich ihres Status als Freunde der Israelis demnach zu diesem
Zeitpunkt wohl nicht sicher sein. Yitzhak Ben-Zivi und Bechor Shitrit,
der damals Minister für Minderheitenangelegenheiten sowie Polizei-
minister war, sahen sich etwa dazu veranlasst, sich gegen Vertreibungen von Drusen auszusprechen. Dieser Umstand deutet darauf hin,
dass Ängste auf drusischer Seite nicht unbegründet waren.[219]

In einem Bericht des Ministeriums für Minderheitenangelegenhei-
ten wird die Einstellung des Ministeriums gegenüber den Drusen in
Israel beschrieben. Es wird darauf hingewiesen, dass, obwohl die Dru-
sen Arabisch sprechen, seit Hunderten von Jahren Spannungen und
Konflikte eine Kluft zwischen Drusen und Arabern erzeugt hätten.[220]
Hier ist bemerkenswert, dass die Drusen eindeutig von israelischer
Seite von den Arabern exkludiert werden. Es zeichnet sich bereits zu
diesem Zeitpunkt, im Dezember 1948, die israelische Strategie ab, die
Drusen zu „entarabisieren". Denn hier wird klar impliziert, dass die
Drusen, obwohl sie Arabisch sprechen, keine Araber seien.

Bechor Shitrit hatte sich, wie Ben-Zivi, gegen die Vertreibung von
Arabern aus Galiläa ausgesprochen und wollte die Beziehungen zu
den Drusen konsolidieren. Aus diesem Grund besuchte er zwei Wo-

---

218 Vgl. Morris 1987:238ff.

219 Vgl. ebd.:351; Parsons 2000:123. Es bestand der Plan, die libanesische Grenze von
   arabischen Dörfern zu „säubern", was auch Drusen betroffen hätte; vgl. Morris
   1987:251.

220 Vgl. Parsons 2000:123f.

chen nach dem Ende von *Operation Hiram* und den damit verbunde-
nen tragischen Ereignissen von Yānūḥ die drei wichtigsten drusischen
Dörfer im westlichen Galiläa: Abū Snān, Yarkā und Ǧūlis, den Sitz der
Familie Ṭarīf. Bei der Ankunft in Ǧūlis hielt Scheich Salmān Ṭarīf, der
Bruder von Scheich Amīn, dem spirituellen Oberhaupt, eine Begrü-
ßungsrede, deren Inhalt von Shitrit schriftlich festgehalten wurde. Salmān Ṭarīf führte die Verbindung von Drusen und Juden auf den Propheten Nabī Šuʿaib zurück, der Salmān Ṭarīf zufolge niemand anders
war als Jehtro, der Schwiegervater von Moses. Nabī Šuʿaib wird im
Koran erwähnt, ist aber für den drusischen Glauben von größerer Bedeutung. Den Ausführungen von Salmān Ṭarīf zufolge seien Drusen
und Juden seit biblischen Zeiten verschwägert. Salmān Ṭarīf stellte
eine Kontinuität von dieser Verbindung zur Kooperation von Drusen
und Juden während des Krieges her.[221] Shitrit berichtet über Salmān
Ṭarīfs Rede:

> „He (Salmān Ṭarīf) especially emphasized that the friendship
> between the people of the Druze community and the people of Is-
> rael is not a new one but an ancient one; not only are the relations
> ones of friendship but they are also familial relations, because we
> are after all in-laws. ... According to Druze belief and tradition
> Nabi Shuʿayb is none other than Jehtro. ... He also said that the
> familial closeness which began in the earliest days of Israeli his-
> tory has been strengthened in our day through a closeness of blood
> in battle by Israel for its country in which the blood of Israel and
> the blood of the Druze mingled for the liberation of the land.“[222]

Die Verbundenheit von Drusen und Juden auf die Gleichsetzung der
beiden Propheten zurückzuführen war historisch gewiss fragwürdig,
für die Drusen war es in dieser unsicheren Periode aber vor allem
wichtig, eine pro-jüdische Haltung zu demonstrieren. Israel selbst war
über jedes Argument erfreut, das kulturelle oder religiöse Unterschie-

---

221 Vgl. ebd.:123ff. Für genauere Informationen über Nabī Šuʿaib vgl. Firro 2005:224ff.
222 Shitrit to Minister of Defence and Foreign Minister, 30 November 1948, 3027/73,
     Minority Affairs Ministry: Israel State Archives, zit. nach Parsons 2000:126, Ergän-
     zungen und Auslassungen durch den Verfasser TL.

de zwischen Drusen und anderen Arabern betonte. Shitrit fand in der Familie Ṭarīf nicht nur die Bereitschaft zur Kooperation, sondern auch Argumente für die Zusammenarbeit von Drusen und Juden sowie für den Unterschied zwischen Drusen und den übrigen Arabern. In seinem Bericht empfahl er auch deshalb, den Drusen im neuen Staat Israel den Status einer *millet* zuzuerkennen, eine Idee, die David Ben-Gurion bereits vor Shitrits Reise formuliert hatte:[223]

> „*[It is] a wonderful idea in which there is much foresight because I too believe that we must encourage amongst the Druze the realisation that they are a sect separate from the Muslims and it is toward this we must strive.*"[224]

Die Rede von Salmān Ṭarīf ist in verschiedener Hinsicht von Bedeutung: Erstens formulierte er eine religiöse Ableitung der drusisch-jüdischen Freundschaft, die, egal wie historisch belegbar, der israelischen Seite sehr willkommen war. Die neu „entdeckte" Symbolik wurde kurz darauf erstmals verwendet, als am 6. Dezember 1948 die erste Vereidigung von Drusen aus Galiläa, die freiwillig in die IDF eintraten, am Schrein von Nabī Šuʿaib stattfand.[225] Nabī Šuʿaib wurde so gemeinhin zum Symbol eines guten drusisch-israelischen Verhältnisses.

Zweitens war die Rede von Salmān Ṭarīf für die Familie Ṭarīf und ihren Stellenwert in den drusisch-jüdischen Beziehungen von entscheidender Bedeutung. Dadurch, dass Nabī Šuʿaib das Symbol der drusisch-jüdischen Freundschaft wurde, verbesserte sich der Stellenwert der Familie Ṭarīf enorm. Wie bereits erwähnt, hatte der Wiederaufbau des Schreins von Nabī Šuʿaib wesentlich zum Aufstieg der Familie Ṭarīf zur einflussreichsten Familie innerhalb der drusischen Gemeinschaft in Palästina beigetragen, wobei die eigentliche Machtbasis der Ṭarīfs die Kontrolle über den *waqf* des Schreins von Nabī Šuʿaib darstellte. Die Familie Ṭarīf konnte durch die Verwendung von Nabī Šuʿaib als Symbol der drusisch-jüdischen Freundschaft ihre Führungsposition innerhalb der Gemeinschaft konsolidieren, die sie im Begriff

---

223 Vgl. Parsons 2000:126; Firro 2005:227.
224 Zit. nach Parsons 2000:126, Ergänzung im Original.
225 Vgl. Firro 1999:77.

war an solche Familien zu verlieren, die schon in der Mandatszeit mit der jüdischen Seite zusammengearbeitet hatten.

Wie fand die Instrumentalisierung von Nabī Šuʿaib gleichermaßen durch die Familie Ṭarīf und den neuen israelischen Staat ihren Ausdruck? Die jährliche Pilgerfahrt im April zum Schrein von Nabī Šuʿaib hatte sich bis 1949 nicht von Pilgerfahrten zu drusischen Schreinen in Syrien und dem Libanon unterschieden. Die Pilgerfahrt war weder ein offizielles Fest, noch kamen massenhaft Pilger aus Syrien und dem Libanon zum Schrein von Nabī Šuʿaib unweit von Tiberias. Im April 1949 gab es erstmals während der Pilgerfahrt eine Parade sowie eine Vereidigung von drusischen Soldaten. Zu dem Festakt hatte der Kommandant der *Minorities Unit* die Bewohner der drusischen Dörfer mittels Flugblatt eingeladen. Von 1949 bis 1974 wurde die Pilgerfahrt von israelischen Ministern für Statements zur politischen und militärischen Situation genutzt. Der Schrein blieb außerdem der Ort für die Vereidigung von drusischen IDF-Soldaten.[226] 1954 wurde der Tag der Pilgerfahrt, der 24. April, ein offizieller Feiertag. Im selben Jahr wurde *ʿīd al-fiṭr*, das Fest des Fastenbrechens nach dem *Ramadan*, das zeitgleich mit den Sunniten gefeiert wurde, nicht mehr als drusischer Feiertag anerkannt.[227]

Ein Faktor, der die Politik des israelischen Staates gegenüber den Drusen im eigenen Land prägte, war das Bestreben, die Drusen möglichst von den Arabern und den Muslimen (die Drusen waren ja auch während der Mandatszeit keine *millet* gewesen – galten also nach wie vor rechtlich zuerst als Muslime) zu isolieren. Schon 1947/1948 kann eine massive Differenz in der zionistischen Politik gegenüber den Drusen im Vergleich zur Politik gegenüber Christen und Muslimen festgestellt werden. Auch die Aufstellung der *Minorities Unit* markierte schon in groben Zügen den Plan „...divide and subdivide them“,[228] bezogen auf Araber und Muslime in Israel.[229]

---

226 Vgl. Firro 1999:96f.

227 Vgl. Firro 2001:44.

228 Foreign Ministry, Session of the inter-Ministerial Committee 6 May 1949; zit. nach Firro 2001:41.

229 Vgl. Firro 2001:40ff.

Bei dem Vorhaben, die Drusen möglichst von der arabischen und muslimischen Identität zu isolieren, war es dringend notwendig, den Drusen den Status einer *millet* zuzuerkennen. Dafür war aber eine religiöse Führung wichtig, die nun mit Scheich Amīn Ṭarīf als Oberhaupt aufgebaut wurde. Dass die Wahl der israelischen Entscheidungsträger auf ihn fiel, ist mit dem Vorhaben zu erklären, den Schrein von Nabī Šuʿaib als politisches Instrument zu nutzen, den die Familie Ṭarīf kontrollierte. Ansonsten hätte sich die Sympathie auf israelischer Seite für Scheich Amīn Ṭarīf wohl in Grenzen gehalten, hatte er doch weder während des Mandats noch 1947/1948 kollaboriert.[230]

Ab 1949 dienten Drusen in der IDF auf freiwilliger Basis in der *Minorities Unit* der IDF. Nur wenige Drusen verpflichteten sich allerdings nach dem Krieg, was möglicherweise mit Scheich Amīn Ṭarīfs reservierter Haltung gegenüber der Rekrutierung von Drusen zusammenhing. Diese Haltung wurde durch den Scheich ab 1954 aufgegeben.[231] Im Mai 1956 wurde schließlich durch den Generalstab die Wehrpflicht für männliche Drusen eingeführt, der offiziellen israelischen Darstellung zufolge auf Wunsch von Teilen der drusischen Führung. Firro zufolge macht es die Quellenlage aber schwierig zu rekonstruieren, wer tatsächlich die treibenden Kräfte hinter der Einführung der obligatorischen Wehrpflicht für Drusen gewesen sind.[232]

Noch bevor die ersten drusischen Wehrpflichtigen eingezogen wurden, regte sich Protest innerhalb der Gemeinschaft, und religiöse Würdenträger drohten sogar mit dem Boykott der jährlichen Festivitäten am Schrein von Nabī Šuʿaib. Generell war dieser Protest aber eher ökonomisch als ideologisch motiviert. Zu diesem Zeitpunkt war nur eine sehr kleine gebildete Gruppe von kommunistischen oder arabischnationalistischen Ideen beeinflusst.[233] Trotz der Proteste aus der

---

230 Vgl. ebd.:42f.

231 Vgl. ebd.:42.

232 Vgl. ebd.:44f. Die Darstellung der israelischen Regierung basiert auf einem Brief von Scheich Ǧabr Muʿaddī an Premierminister David Ben-Gurion, datiert vom 15. Dezember 1955. Wie aus dem Brief hervorgeht, wusste Scheich Ǧabr offensichtlich bereits von dem Vorhaben, 1956 die Wehrpflicht für Drusen einzuführen; vgl. Firro 1999:156.

233 Vgl. Firro 1999:158f.

drusischen Gemeinschaft trat das Gesetz wie geplant in Kraft und die Drusen wurden, mit Ausnahme der sehr kleinen tscherkessischen Gemeinschaft, die einzige (nicht-jüdische) Minderheit, die zum Wehrdienst in Israel verpflichtet ist. Weibliche Drusen und die in die Religion eingewiesenen ʿuqqāl waren von Beginn an von der Wehrpflicht ausgenommen.[234]

Rund ein Jahr nach Einführung der Wehrpflicht, am 15. April 1957, kam es zur nächsten großen Veränderung des Status der Drusen im Staat Israel: Die Drusen wurden durch das Religionsministerium als eigene Religionsgemeinschaft anerkannt und gleichzeitig endgültig juristisch unabhängig von den Sunniten.[235] Damit waren die langwierigen Bemühungen während der britischen Mandatszeit, den Status einer eigenen anerkannten Religionsgemeinschaft zu erreichen, endlich erfolgreich. In der Folge wurde die drusische Gemeinschaft in Israel auch gesetzlich organisiert, wobei der staatliche Einfluss dauerhaft gesichert wurde. Es wurde ein *Religious Council* geschaffen mit Scheich Amīn Ṭarīf als Vorsitzenden, womit die religiöse Führung der Drusen in Israel formal institutionalisiert wurde. Außerdem wurden drusische Gerichtshöfe geschaffen, wobei aus Mangel einer juristischen Grundlage das libanesische Personenstandsrecht für Drusen adaptiert wurde. Die Mitglieder des drusischen Berufungsgerichts und des *Religious Council* waren identisch: neben Scheich Amīn Ṭarīf waren das die Scheichs Aḥmad Ḥair und Kamāl Muʿaddī.[236] Diese drei Familien hatten schon in osmanischer Zeit die religiöse Führung der Gemeinschaft dominiert; nun wurde ihr Status aber legalisiert. Außerdem wurde die Stellung der Familie Ṭarīf gesetzlich verankert: Neben der Ernennung

---

234 Firros Argumentation, weil die ʿuqqāl von Beginn an von der Wehrpflicht ausgenommen waren, läge es nahe, dass die Clanchefs vor Inkrafttreten des Gesetzes eine Einigung mit der israelischen Seite getroffen hätten, erscheint nicht zwingend schlüssig; vgl. ebd.

235 Vgl. ebd.:160.

236 Vgl. Dana 2003:74f. Zur genauen Zusammensetzung des Komitees, das über die Zusammensetzung der Gerichte entschied vgl. Firro 1999:163. Unter den Mitgliedern waren u.a. Vertreter der Knesset sowie der Justiz- und der Religionsminister. Der Gerichtshof der ersten Instanz setzte sich aus folgenden Scheichs zusammen: Salmān Ṭarīf, Labīb Abū Rukun sowie Ḥusain ʿIlaiān, der bei der Eroberung von Šafā ʿAmr vermittelt hatte; vgl. ebd.:165.

von Amīn Ṭarīf zum Vorsitzenden des *Religious Council* sowie des Berufungsgerichtes durch den Staat Israel, womit er zum spirituellen Oberhaupt der Drusen aufstieg, wurde die Kontrolle der Familie Ṭarīf über den *waqf* von Nabī Šuʿaib institutionalisiert.[237]

Kurze Zeit nach der Anerkennung als eigenständige Religionsgemeinschaft wurden von der israelischen Regierung neue Personalausweise an die Drusen verteilt. Bei der Kategorie „Nationalität" wurde „Araber" durch „Druse" ersetzt. Proteste der Drusen, die sich selbst als Araber identifizierten, hatten keinen Erfolg. Jene, die sich weigerten, die neu erfundene Nationalität anzuerkennen, mussten Schikanen durch die staatlichen Institutionen fürchten.[238]

Zu diesem Zeitpunkt war die Segregation der Drusen von den anderen Arabern in Israel bereits weit fortgeschritten, z.B. durch die Förderung von partikularistischen Tendenzen wie etwa der Ausweitung der Feierlichkeiten um den Schrein von Nabī Šuʿaib, die Abschaffung von *ʿīd al-fiṭr* als drusisches Fest, die Einführung der Wehrpflicht für Drusen, nicht aber für Christen und Muslime, die Anerkennung als Religionsgemeinschaft sowie durch die israelische Erfindung einer drusischen Nationalität. Trotz des neuen formalen Status behandelte die israelische Regierung die Drusen aber nicht anders als Christen oder Muslime. Die Drusen wurden ebenfalls über das Büro des Beraters für Minderheitenangelegenheiten des Premierministers administriert, das die Abteilungen für arabische Angelegenheiten in den einzelnen Ministerien koordinierte. Drusen konnten außerdem nicht volle Mitglieder der regierenden Arbeiterpartei werden und der Kontakt zum *Histadrut*, der mächtigen zionistischen Gewerkschaft, war ebenfalls nur über die Büros für arabische Angelegenheiten möglich.[239] Der neue formelle Status brachte demnach keine Gleichberechtigung der Drusen mit der jüdischen Bevölkerung im Hinblick auf Zugang zu den Ministerien, der dominierenden politischen Partei oder der Gewerkschaft. In diesen Bereichen wurden die Drusen weiterhin als Araber behandelt.

---

237 Vgl. ebd.:160ff.
238 Vgl. Firro 2001:45; Firro 1999:174f.
239 Vgl. ebd.:167.

3.4.2 Kritik an der Situation der eigenen Gemeinschaft in Israel

Vor dem Hintergrund der Frustration über die Behandlung durch die von der Arbeiterpartei geführten Regierungen konnte die kommunistische Partei RAKAH, das politische Sprachrohr der Araber in Israel, 1965 den Stimmenanteil unter den Drusen verdoppeln. Obwohl der Anteil der Wähler von RAKAH im Vergleich zu Christen und Muslimen gering ausfiel, war der Stimmenzuwachs ein Indikator für die wachsende Unzufriedenheit. Trotzdem wählten über 50% die Listen der Arbeiterpartei und Ǧabr Muʿaddī konnte seinen Sitz in der *Knesset* verteidigen.[240] Muʿaddī wurde stets über eine Minderheitenliste der Arbeiterpartei gewählt und nicht direkt über die Partei. Von 1951 bis 1977 war er kontinuierlich mit nur einer Ausnahme Abgeordneter der *Knesset*. Zwischen 1961 bis 1973 war er der einzige drusische Agbeordnete,[241] was eine große Machtfülle mit sich brachte.

1966 kam es, auch vor dem Hintergrund von Landenteignungen, zu einem Kongress, organisiert von jüngeren gebildeten Drusen. Das Büro des Beraters für Minderheitenangelegenheiten und die traditionelle Führung versuchten zu intervenieren, um den Kongress zu verhindern. Ammon Lynn, der Schwiegersohn von Abba Hushi und im *Histadrut* zuständig für arabische Angelegenheiten, intervenierte z.B. auch bei Amīn Ṭarīf, der die Nützung eines für den Kongress vorgesehenen Schreins im Dorf Kufr Yāsīf untersagte. Die Veranstaltung fand trotzdem statt, wenn auch in einem Privathaus.[242] Eine Gruppe von drusischen Intellektuellen begann auf jeden Fall zunehmend gegen ihren Status in Israel aufzubegehren.

Hier zeigt sich deutlich die Tendenz von staatlicher israelischer Seite, in Zusammenarbeit mit der traditionellen Führung jedwede Organisation der Drusen zu verhindern. Wie an anderer Stelle gezeigt werden wird, ist diese Tendenz in Israel bis in die jüngste Vergangenheit konstant. Es ist bemerkenswert, dass im Gegensatz dazu in den

---

240 Vgl. ebd.:184.
241 Vgl. *Knesset*, online.
242 Vgl. Firro 1999:185.

1930er Jahren die Zionisten den Versuchen von ʿAbdallāh Ḥair, seine *Druze Society Union* zu etablieren, sehr wohlwollend gegenüberstanden.

Ab 1967 spalteten sich die intellektuellen Drusen zunehmend in zwei Gruppen auf: Eine Gruppe, bald von israelischer Seite als *negative forces* bezeichnet, die sich zur Gemeinschaft mit den anderen Arabern und ihrem Kampf um Gleichberechtigung bekannte. Die Zweite, die teilweise in der *Druze League* organisiert war, kritisierte die Regierung deshalb, weil sie die Drusen wie die anderen Araber behandelte.[243]

Im Oktober 1967 erklärte Premierminister Levi Eshkol, dass es keinen Grund mehr gäbe, die Drusen über die *Arab Departements* zu regieren und dass die drusische Gemeinschaft ab nun voll und ganz gleichberechtigt sein sollte. Bei der zweiten Gruppe der drusischen Intellektuellen war die Freude über diese Ankündigung natürlich groß, während die erste Gruppe, die die Drusen als Teil der arabischen Gemeinschaft in Israel ansah, diese Ankündigung als weiteren Schritt der Separierung der Drusen von den anderen Arabern ansah. Viele Drusen waren ernüchtert, als ein Jahr später auf Eshkols Ankündigung keine Taten gefolgt waren. Die anschließende Kampagne von drusischen Mitgliedern der Arbeiterpartei und der *Druze League* für die Integration in Partei und Ministerien sowie in alle Einheiten der IDF[244] war ebenso erfolglos wie die Nominierung eines jungen drusischen Kandidaten der Arbeiterpartei für die Wahlen zur *Knesset* 1969 durchzusetzen. Ǧabr Muʿaddī wurde wieder als einziger Druse und über eine Minderheitenliste der Arbeiterpartei in die *Knesset* gewählt. Kamāl Manṣūr, der Kandidat der reformorientierten Kräfte, wurde hingegen an einer aussichtslosen Stelle gereiht. Bei den selben Wahlen konnte RAKAH seinen Stimmenanteil unter den Drusen auf über 10% steigern. Ammon Lynn forderte vor diesem Hintergrund und wegen des Drängens der reformorientierten Kräfte, nun ebenfalls die Integration auf Parteiebene.[245] 1972 wurde schließlich die Mitgliedschaft in der

---

243 Vgl. ebd.:189.
244 Vgl. ebd.:190ff.
245 Vgl. ebd.:196ff.

Arbeiterpartei für Drusen, wie auch für alle Araber, möglich.[246] Zeidan Atashi [Zaidān ʿAṭšī], damals einer derjenigen Drusen an der Universität Haifa, die vehement eine „totale Integration" forderten, stellt auch vor dem Hintergrund der Landenteignungen im Zuge der Judaisierungspolitik in Galiläa über diese Periode fest: „...toward the Druze the Government of Israel has emphasized the *symbolic rather than the practical.* The policy has relied on the concept of fragmentation facilitating control and ensuring dependence."[247]

Premierministerin Golda Meir wiederholte das Versprechen ihres Vorgängers 1970 und ernannte knapp ein Jahr später einen Berater für drusische Angelegenheiten, der gleichzeitig auch Berater für Minderheitenangelegenheiten war. Dies war eine große Enttäuschung für die Befürworter der Integration, obwohl diese Maßnahme als Übergangslösung präsentiert wurde und an der Übernahme der drusischen Agenden durch die regulären Ministerien festgehalten werden sollte.[248]

Bei den Wahlen zur *Knesset* 1973 konnte RAKAH unter den drusischen Wählern weiter zulegen und erreichte ca. 18% der drusischen Stimmen.[249] Diese Entwicklung ist vor dem Hintergrund der Gründung des *Druze Initiative Committee* (DIC) ein Jahr zuvor zu sehen, das eng mit RAKAH verbunden war und in dem sich führende Protagonisten der *negative forces* organisierten.[250] Die Radikalisierung unter den Drusen, die bei den Wahlen 1973 sichtbar wurde, ging eng einher mit der allgemeinen Entwicklung unter den Arabern in Israel.[251]

Im April 1974 trugen sich zwei eng mit einander verbundene Ereignisse zu, die den Verantwortlichen auf israelischer Seite zeigten, dass die Loyalität der Drusen nicht selbstverständlich war. Es begann mit einer Attacke von palästinensischen Guerillas auf Kiryat Shmona nahe der libanesischen Grenze, wobei es zu Opfern unter jüdischen

---

246 Vgl. Atashi 1997:112.

247 Ebd. Auslassung durch den Verfasser TL, Hervorhebungen im Original.

248 Vgl. Firro 1999:199ff.

249 Vgl. ebd.:202.

250 Auf das *Druze Initiative Committee* wird noch genauer eingegangen werden. Als Gegenpol wurde 1973 der *Druze Zionist Circle* gegründet. Zum *Druze Zionist Circle* vgl. Firro 1999:209f sowie Klein 2001:105f.

251 Vgl. Teitelbaum 1985:347.

Zivilisten kam. Als Reaktion griffen Bewohner von Kiryat Shmona drusische IDF-Soldaten an, die sich zeitgleich in der Umgebung befanden. Das DIC veröffentlichte daraufhin ein Flugblatt, in dem man den Tod der jüdischen Zivilisten bedauerte, aber zugleich die israelische Politik gegenüber den Palästinensern kritisierte und den Angriff auf die drusischen Soldaten scharf verurteilte:[252] „the events of Kiryat Shmona have ripped off the artificial mask of the so-called Druze-Jewish brotherhood."[253] Das Flugblatt wurde am 23. und 24. April während der Pilgerfahrt zum Schrein von Nabī Šuʿaib und in allen drusischen Dörfern verteilt. Bei der Zeremonie kam es zu massiven Protesten von DIC-Mitgliedern. Diese waren im Begriff, das offizielle Programm der Veranstaltung zu stören, zu der auch Verteidigungsminister Yitzhak Rabin, der 1974 Premierminister wurde, eingeladen war. Die anwesenden Mitglieder des DIC stellten fünf Forderungen auf, nach deren Erfüllung durch die religiöse Führung sie den Ablauf der Zeremonie nicht weiter stören würden:

1. Die Anerkennung von *ʿīd al-fiṭr* als drusisches Fest durch die religiöse Führung;
2. Die offizielle Anerkennung, dass die Drusen Araber sind, und eine Verurteilung der Versuche, die Drusen von den Arabern zu separieren;
3. Eine Verurteilung der Angriffe auf Drusen in Kiryat Shmona und anderswo;
4. Abschaffung der Wehrpflicht für Drusen;
5. Die Erlaubnis für einen Vertreter des DIC, während des Hauptteiles der Veranstaltung zu sprechen oder das Flugblatt des DIC zu den Vorkommnissen in Kiryat Shmona zu verlesen.[254]

Es konnte schließlich zwischen der religiösen Führung und den DIC-Aktivisten keine Einigung erzielt werden und Verteidigungsminister Rabin wurde mit Sprechchören gegen die Wehrpflicht begrüßt. Die Rede von Minister Rabin musste unterbrochen werden und Scheich

252 Vgl. Firro 1999:211f.
253 Flugblatt des DIC vom 23 April 1973 zit. nach ebd.:212.
254 Vgl. Firro 1999:212f.

Farhūd, der Gründer des DIC, wurde auf die Bühne getragen, um seine Deklaration zu verlesen.[255] Zeidan Atashi, ein Befürworter der Integration, beschreibt den Stellenwert der Ereignisse, nicht ohne eine gewisse Sympathie für die Aktion des DIC erkennen zu lassen:

> *These events... were considered as a turning point because, according to tradition, Druze show the utmost respect to guests, especially if they are prominent figures representing the authorities. However, the grievances were too deep to enable the time-honoured, unwritten customs to be observed. For the first time a Prime Minister personally experienced the potentially dangerous ferment within the Druze community. (The initiators were considered by many Druze as pioneers who made a quantum leap toward freedom and equality and against Druze-Israeli "collaborators.")*[256]

Als Reaktion setzte der mittlerweile zum Premierminister gewählte Yitzhak Rabin zwei Komitees ein, die sich mit dem „Drusenproblem" auseinandersetzen sollten. Das eine Komitee bestand aus Mitgliedern der *Knesset*, wobei es sich nur um jüdische Abgeordnete handelte. Das zweite Komitee wurde vom Büro des Beraters für Minderheitenangelegenheiten unter dem Vorsitz von Gabriel Ben-Dor von der Universität Haifa zusammengestellt und hatte mit Salmān Farağ und Fā'iz 'Azzām zwei drusische Akademiker, Lehrer und Unterstützer einer „Integration" als Mitglieder. Beide Komitees empfahlen u.a. in ihren Berichten, alle Einheiten der Armee für Drusen zu öffnen und die Veteranen wie ihre jüdischen Kameraden zu unterstützen (z.B. mit Arbeitsmöglichkeiten), mehr Entgegenkommen bei der Konfiszierung von drusischem Land, sowie den Erlass von Richtlinien hinsichtlich des Ausbaus bzw. Aufbaus von Infrastruktur. Außerdem wurde wieder die Integration der Drusen direkt in die einzelnen Ministerien vorgeschlagen und von der Regierung beschlossen.[257]

Die Umsetzung der meisten dieser Vorhaben kam nicht über das Planungsstadium hinaus. Verbesserungen gab es für drusische Vetera-

---

255 Vgl. Atashi 1997:128f; Firro 1999:211ff; Teitelbaum 1985:355f.
256 Atashi 1997:128f.
257 Vgl. Firro 1999:213ff.

nen im Wohnbausektor durch das Ministerium für Wohnbau und durch das Verteidigungsministerium.[258] Die Einheiten der IDF und die Militärindustrie wurden für Drusen geöffnet, wobei die Air Force den Drusen aber weiter versperrt blieb. Diese wurde formal erst 1991 von Verteidigungsminister Moshe Arens für Drusen geöffnet.[259] Drusen wurden außerdem verstärkt für die Grenzpolizei, die Polizei und das Gefängnispersonal rekrutiert, viele davon im Offiziersrang.[260] Im sicherheitsrelevanten Bereich wurden also tatsächlich Arbeitsplätze für Drusen geschaffen und den Drusen Perspektiven aufgezeigt. Die weitere Entwicklung wird zeigen, dass diese Entwicklung nicht ganz unproblematisch war.

Die Empfehlungen des Ben-Dor-Komitees hinsichtlich eines eigenen Lehrplans an drusischen Schulen wurden hingegen rasch umgesetzt. Diese Neuerungen (betreffend Geschichte, Folklore, Religion und Literatur) stärkten den drusischen Partikularismus und verbesserten laut Firro nicht die Qualität der schulischen Erziehung. Trotz Protesten wurde bereits 1977 der Lehrplan für Drusen komplett vom Lehrplan für Araber getrennt.[261] Die Segregation der Drusen von Christen und Muslimen wurde im Zuge der Maßnahmen nach den Ereignissen am Schrein von Nabī Šuʿaib verstärkt.[262]

3.5 Die israelischen Drusen und die Wehrpflicht

Wie dargelegt unterscheidet sich in der Praxis der Status der Drusen in Israel nur wenig von dem der Christen und Muslime. Eine große Ausnahme stellt die Wehrpflicht für alle männlichen Drusen mit Aus-

---

258 Vgl. ebd.:216.

259 Vgl. Atashi 1997:183f; Firro 1999:216; Klein 2001:92. Klein zufolge gab es 1998 noch keinen drusischen Piloten; vgl. ebd. Anm. 121.

260 Vgl. Firro 1999:216. Seit den 1990er Jahren ist den Drusen mit jüdischen Einwanderern aus Äthiopien und der ehemaligen Sowjetunion bei der Grenzpolizei eine große Konkurrenz erwachsen; Interview mit Shakeeb Salih am 24. Juli 2009 in Mġār. Den Eindruck, dass besonders viele Äthiopier in der Grenzpolizei dienen, hatte ich auch während eines Besuches in Jerusalem im Juli 2009; eigene Beobachtung.

261 Vgl. Firro 2001:50.

262 Interview mit Salmān Naṭūr am 5. August 2011 in Haifa.

nahme der *'uqqāl* dar. Nicht nur die Drusen selbst fühlen sich deshalb größtenteils als von den übrigen Arabern in Israel verschieden, auch Christen und Muslime sehen die Drusen als „anders" an. Wobei es natürlich Gruppen gibt, die diese Unterschiede aus ideologischen Gründen negieren, wie z.B. das DIC.[263]

Wenn man davon ausgeht, dass sich die Drusen in Israel von Christen und Muslimen besonders durch die Wehrpflicht unterscheiden, lohnt es sich, die rechtliche Basis der Wehrpflicht für Drusen genauer zu betrachten. Das israelische Gesetz über die Wehrpflicht von 1951 verpflichtet prinzipiell jeden Staatsbürger zum Dienst in den Streitkräften. Es besteht aber die Möglichkeit einer Befreiung ganzer Bevölkerungsgruppen von der Wehrpflicht durch den Verteidigungsminister, diese kann aus religiösen- oder sonstigen Gründen erfolgen. Auf dieser Grundlage wurde die gesamte nicht-jüdische Bevölkerung Israels, wie auch ultraorthodoxe Juden, von der Wehrpflicht ausgenommen. Diese Bestimmung betraf demnach auch die Drusen, die aber, wie auch Tscherkessen,[264] auf freiwilliger Basis für die IDF rekrutiert wurden. Die Rekrutierungen erfolgten zunächst in einem geringem Ausmaß. Seit 1956 gilt die Wehrpflicht auch für männliche Drusen sowie die wenigen Tscherkessen, wobei Ausnahmen für *'uqqāl* möglich sind.[265] Die Exklusion der nicht-jüdischen Bevölkerung von der Armee wird besonders mit möglichen Loyalitätskonflikten im Fall eines Krieges mit den benachbarten arabischen Staaten begründet.[266] In diesem Kontext erscheint es zunächst auch sinnvoll, dass ein Jahr nach Inkrafttreten der Wehrpflicht die Drusen als eigene Religionsgemeinschaft anerkannt wurden und schließlich zur eigenen drusischen Nation erklärt wurden. Die Drusen waren hiermit offiziell keine Araber und schon gar keine Muslime mehr. Der Einsatz von Drusen auf israelischer Seite gegen die überwiegend arabischen und muslimischen Armeen der Nachbarländer erschien nun besser vermittelbar.

---

263 Vgl. Hajjar 2000:309.

264 Die Mitglieder der kleinen tscherkessischen Gemeinschaft in Israel sind sunnitische Muslime, aber keine ethnischen Araber.

265 Vgl. Firro 2001:44; E-Mail v. Saʿīd Naffāʿ am 15. Mai 2010 S. sowie 70f. der Arbeit.

266 Vgl. diese Argumentation z.B. bei Stendel 1996:191.

Diese Argumentation widerspricht freilich dem Hauptargument der Exklusion von Nicht-Juden von der Wehrpflicht in Israel, nämlich möglichen Loyalitätskonflikten. Im Libanon, in Syrien und in Jordanien leben nämlich auch Drusen und dienen in der jeweiligen Armee. Im Laufe des Libanonfeldzuges 1982/1983 sollte es dann auch zu solchen Loyalitätskonflikten kommen, wie im nächsten Kapitel zu lesen.

Von den Drusen selber wird der Dienst in der IDF oft als besonders wichtig angesehen. Zeidan Atashi z.B. bezeichnete die Armee als die einzige staatliche Institution, in welcher Drusen wirklich gleichberechtigt seien und wo sie auch in höchste Positionen aufsteigen könnten. Aus seiner Sicht hätten Drusen politische Forderungen mit dem Verweis auf ihre Loyalität durchsetzen können. Beispiele für Erfolge im Umgang mit der Regierung aufgrund der Wehrpflicht wären die Beeinflussung der israelischen Politik gegenüber den libanesischen Drusen und die Vermittlung zwischen Regierung und Golan-Drusen.[267] Atashis Argumentation erscheint plausibel: In der Tat können Drusen in der IDF (wie auch in der Grenzpolizei) in höchste Positionen aufsteigen und 1986 wurde der erste Druse in den Generalsrang befördert. Auch die Kampagne in Israel bzgl. der libanesischen Drusen, auf die im nächsten Kapitel noch ausführlich eingegangen wird, wäre ohne die Wehrpflicht für israelische Drusen mit Sicherheit nicht in dieser Form möglich gewesen.

Lisa Hajjars Interviews mit drusischen Soldaten zufolge sehen sich diese in der Armee als mit den jüdischen Kameraden gleichgestellt an, im Kontrast zu ihrem „zivilen" Leben.[268] Äußerungen, wonach sich Drusen nur in ihrer Armeeuniform gleichgestellt fühlen oder in Israel nur in der Armee wirklich gleichbehandelt werden, sind von Drusen sehr häufig zu hören.[269] Dennoch herrscht in der Armee nicht völlige Gleichberechtigung zwischen Drusen und Juden. Diskriminierung von

---

267 Vgl. Atashi 1997.

268 Vgl. Hajjar 2000:311.

269 Z.B. im Interview mit Zeidan Atashi am 24. Juli 2009 in 'Isfiyā, sowie vgl. Eitinger 2002, online; Hajjar 2000:310f.

80

Drusen existiert auf struktureller Ebene, durch den Ausschluss von bestimmen Waffengattungen und Einheiten.[270]

Drusen haben die Möglichkeit, in der IDF wie im sicherheitsrelevanten Sektor im Allgemeinen Karriere zu machen und während ihrer Zeit in der Armee Kontakte mit jüdischen Soldaten zu knüpfen. Oft gehen die einzigen persönlichen Freundschaften von Drusen und Juden auf die gemeinsame Zeit in der Armee zurück. Das bedeutet, dass die drusischen Soldaten auf diese Weise eine Chance haben, sich in die jüdische Mehrheitsgesellschaft zu integrieren.[271] Außerdem erhalten die Drusen dadurch Zugang zu staatlichen Zuwendungen, wie z.B. Förderungen und Kredite, die an den Wehrdienst gekoppelt sind und von denen Christen und Muslime prinzipiell ausgeschlossen sind.[272]

Wie sieht die drusische Loyalität hinsichtlich der Beteiligung an der Armee konkret aus? Die drusisch dominierte *Minorities Unit* nahm 1967 an der Offensive im Westjordanland teil und wurde so erstmals in ein Kampfgebiet geschickt. Seitdem kämpfen drusische Soldaten in allen Kriegen auf der Seite Israels und wie jüdische Soldaten kehren viele von ihnen nicht zurück. Trotz der Aktivitäten der propalästinensischen Drusen, wie etwa des DIC, ist die Rate der Rekrutierungen von Drusen für die IDF höher als unter der jüdischen Bevölkerung.[273] Eine quantitative Studie über die drusische Bevölkerung in Israel, die 2008 von Wissenschaftlern der Universität Haifa durchgeführt wurde, zeigt aber, dass die Mehrheit nicht hinter der Wehrpflicht steht: Nur 36% der Befragten sprachen sich für ihre Beibehaltung aus, während 46,6% für einen freiwilligen Wehrdienst waren und 17% dafür votierten, den Wehrdienst für Drusen gänzlich abzuschaffen.[274]

Drusen, die entweder den dreijährigen Wehrdienst oder den Dienst in der Reserve verweigern, müssen mit massiven Sanktionen von staatlicher Seite rechnen. Lisa Hajjar zufolge werden drusische

---

270 Vgl. Klein 2001:92. Die Exklusion betrifft Luftwaffe und Geheimdienst, wobei der Eintritt in die Luftwaffe unterdessen zumindest theoretisch möglich ist; vgl. ebd.
271 Vgl. Hajjar 2009:311.
272 Vgl. ebd.:308.
273 Vgl. Halabi 2010b, online.
274 'Ali 2008

Wehrdienstverweigerer weitaus härter bestraft als jüdische. Sie müssen z.B. neben der Gefängnisstrafe mit wiederholten Festnahmen in der Öffentlichkeit und psychologischen Tests rechnen. Aufgrund der Wehrdienstverweigerung kann auch die Ausstellung eines Führerscheines verweigert werden. Im Allgemeinen wird die Verweigerung des Wehrdienstes von der Gemeinschaft als anormales Verhalten wahrgenommen. Wie weiter oben dargestellt, ist es eines der obersten Prinzipien der drusischen Gemeinschaft, von dem Einzelnen zu verlangen, sich in die Gemeinschaft einzufügen. Ebenfalls wurde dargelegt, dass Sanktionen auf sozialer Ebene bis in die eigene Familie hineinreichen können. Das bedeutet, dass Wehrdienstverweigerung nur möglich ist, wenn sie von der Familie zumindest toleriert wird.[275]

Für viele Christen und Muslime in Israel gelten die Drusen aufgrund ihrer Wehrpflicht als Verräter. Durch jede mediale Berichterstattung, in der von besonders kaltblütigen oder brutalen Drusen im Dienst Israels berichtet wird, vergrößert sich das Misstrauen gegenüber den Drusen.[276] Drusische Soldaten wurden in der Vergangenheit auch oftmals gezielt Opfer von Anschlägen, sowohl in Israel als auch in den besetzten Gebieten, wo in Armee und Grenzpolizei viele Drusen eingesetzt werden. Besonders während der ersten Intifada hat das Image der Drusen in den Augen vieler Araber in Israel und den besetzten Gebieten gelitten.[277] Hinzu kommt, dass drusische Soldaten im Westjordanland zunehmend Feindseligkeiten von jüdischen Siedlern ausgesetzt sind. Den drusischen Soldaten stehen also im Extremfall sowohl die Palästinenser wie auch die jüdischen Siedler in den besetzten Gebieten feindselig gegenüber.[278] Für drusische Soldaten, anders als für jüdische Soldaten, besteht auch nicht die Möglichkeit, sich in den besetzten Gebieten niederzulassen.[279]

---

275 Vgl. Hajjar 2000:308f; Kashua 2004:15. Bei der medialen Berichterstattung über drusische Wehrdienstverweigerer fällt auffallend oft der Familienname Naffāʿ (aus Bait Ğan), ein Indiz dafür, dass in dieser *hamula* (Großfamilie) die Wehrdienstverweigerung akzeptiert wird.

276 Vgl. Ettinger 2004, online.

277 Vgl. Hajjar 2000:308.

278 Vgl. Halabi 2010a, online.

279 Vgl. Hajjar 2000:312. Der *Druze Zionist Circle* versuchte vergeblich für Drusen die

Das Verhältnis von Drusen zu Christen und Muslimen in Israel ist auf jeden Fall als unterkühlt zu bezeichnen, wobei natürlich die propalästinensische Fraktion unter den Drusen ausgenommen ist. In Hajjars Studie über drusische Gerichtsdolmetscher in den besetzten Gebieten wird deutlich, wie die Mehrheit der Drusen den Palästinensern jenseits der Grünen Linie gegenüberstehen: Die Mehrzahl der Dolmetscher gab an, vor Beginn des Prozesses von der Schuld des palästinensischen Angeklagten überzeugt gewesen zu sein.[280] Auch Bemühungen des DIC, Solidarität mit der ersten Intifada unter den israelischen Drusen zu erzeugen, hatten wenig Erfolg, da die Palästinenser überwiegend als Feinde der eigenen (drusischen) Soldaten angesehen wurden.[281]

Durch den Dienst der Drusen in der IDF vergrößern sich auch die Unterschiede zwischen den Geschlechtern innerhalb der drusischen Gemeinschaft. Die jungen Soldaten sind drei Jahre lang von ihren meist sehr konservativen und auch oft räumlich peripheren Dörfern entfernt und erleben zusammen mit ihren jüdischen Kameraden die Vorzüge der liberalen jüdischen Gesellschaft. Während zwischengeschlechtliche Beziehungen bei den israelischen Drusen sehr streng reglementiert sind, werden die drusischen Soldaten bei der IDF in einer vergleichsweise lockeren Atmosphäre mit jüdischen Soldatinnen konfrontiert. Weibliche Drusen, deren Freiheiten in der Regel stark begrenzt sind, können solche Erfahrungen nicht sammeln. Der Unterschied zwischen den Geschlechtern wird auch in linguistischer Hinsicht offensichtlich: Nach drei Jahren in der IDF, mit Hebräisch als Kommandosprache, sprechen viele männliche Drusen kein reines Arabisch mehr, sondern fallen immer wieder in das Hebräische zurück.[282] Der Rückgang des Arabischen ist keineswegs ein rein drusisches Problem und betrifft allgemein Araber in Israel,[283] trotzdem ist dieses Phä-

---

Erlaubnis zu erhalten, sich in den besetzten Gebieten niederzulassen; vgl. ebd.:326, Anm. 34.

280 Vgl. ebd.:317ff.

281 Vgl. ebd.:309.

282 Vgl. Hajjar 2000:311f. Zu den Auswirkungen der Wehrpflicht auf das Geschlechterverhältnis vgl. außerdem Ettinger 2004, online.

283 Vgl. Eldar 2007, online.

nomen aufgrund der Wehrpflicht bei den Drusen besonders stark ausgeprägt. Eine weitere Auswirkung der Wehrpflicht besteht darin, dass immer mehr junge Drusen sich dazu entscheiden *ʿuqqāl* zu werden, um dem Wehrdienst zu entgehen.[284] Diese Entwicklung führt möglicherweise längerfristig zu einer Veränderung der Gesellschaftsstruktur der israelischen Drusen, deren Auswirkungen offen sind.

Während die Wehrpflicht für die Drusen den Umgang mit den staatlichen Institutionen und der jüdischen Mehrheitsgesellschaft erleichtert, belastet er andererseits das Verhältnis zu den arabischen Mitbürgern in Israel, führt möglicherweise zu einer Veränderung der drusischen Gesellschaftsstruktur und verstärkt die Ungleichheiten im Geschlechterverhältnis.

3.6 Die Aktivitäten der israelischen Drusen während des Šūf-Krieges[285]

Zum Verhältnis zwischen den Drusen in Israel und dem Libanon muss vorweg festgehalten werden, dass es seit 1948 zwischen den beiden Gemeinschaften nahezu gar keinen Kontakt gegeben hat. Die israelischen Drusen waren von den Gemeinschaften im Libanon und in Syrien und den dortigen Entwicklungen vollkommen isoliert gewesen.[286]

Bevor die Lage für die libanesischen Drusen im Šūf im Laufe des Herbst 1982 prekär wurde, hatten schon Drusen aus Ḥāṣbaiā im Südlibanon bei israelischen Drusen um Hilfe im Umgang mit der IDF gebe-

---

284 Interview mit Salmān Naṭūr am 5. August 2011 in Haifa.

285 Dieser Aspekt wurde bis jetzt wissenschaftlich wenig untersucht. Der einzige Forscher, der bis jetzt meines Wissens ausdrücklich zu diesem Thema gearbeitet hat, ist der amerikanische Druse Dr. Hussam Timani. Dr. Timani hat sich im Rahmen eines Panels mit der Rolle der israelischen Drusen während des Šūf-Krieges auseinandergesetzt; vgl. Timani 1999. Für die Übersendung des Manuskripts bin ich Hussam Timani zu Dank verpflichtet. Ansonsten basieren die folgenden Ausführungen überwiegend auf den Darstellungen von Zeidan Atashi, einem der Hauptprotagonisten des Engagements der israelischen Drusen für ihre libanesischen Glaubensbrüder in den 1980er Jahren.

286 Interview mit Zeidan Atashi am 24. Juli 2009 in ʿIsfiyā; Interview mit Shakeeb Salih am 24. Juli 2009 in Mġār.

ten.[287] Als die IDF begann, im Šūf Waffen von Drusen zu konfiszieren, setzte es in Israel Kritik von drusischer Seite. Der drusische *Knesset*-Abgeordnete[288] Zeidan Atashi reiste Ende Juni 1982 im Zuge einer von der *Knesset* organisierten Tour in den Libanon. Er beschreibt es als großen Schock zu sehen, wie die IDF, in der er selbst gedient hatte, die christliche Miliz *Forces Libanaises* dabei unterstützte, die drusische Bevölkerung mit Straßensperren zu schikanieren. Zurück in Israel intervenierte Atashi bei Premierminister Menachim Begin, der ihm auch zusicherte, die libanesischen Drusen zu schützen. Ungeachtet dieser Zusicherung häuften sich die Berichte über die Misshandlung von Drusen durch die *Forces Libanaises*. Atashi machte sich Ende Juli selbst ein Bild von der Situation im Šūf und traf bei dieser Gelegenheit auch erstmals mit niedrigeren Vertretern der PSP zusammen. Sein Eindruck war, dass das Überleben der Gemeinschaft im Libanon in Gefahr sei.[289]

Atashi aktivierte Anfang August 1982 ein Netzwerk aus lokalen drusischen Autoritäten und gründete die *Druze Follow-up Commission on behalf of the Druze in Lebanon*. Seinen eigenen Ausführungen zufolge war er dabei bedacht, diese Organisation nicht mit vom israelischen Staat kooptierten Personen aufzubauen.[290] Damit die drusische Gemeinschaft in Israel wirklich als Einheit in der Öffentlichkeit für die libanesischen Drusen auftreten konnte, war es für die Gruppe um Atashi notwendig, sich die Unterstützung von Scheich Amīn Ṭarīf zu sichern. Scheich Amīn war nicht nur der spirituelle Führer der Gemeinschaft, sondern auch als Oberhaupt der israelischen Drusen allgemein anerkannt. Atashi beschreibt Scheich Amīns Umfeld als sehr kooptiert, und dementsprechend schwierig war es, zu Scheich Amīn durchzudringen, um ihn von der Notwendigkeit der Hilfe für die libanesi-

---

287 Interview mit Zeidan Atashi am 24. Juli 2009 in ʿIsfiyā. Es ging um die Zerstörung der Olivenplantagen durch die IDF, eine existenzbedrohliche Angelegenheit, wenn man die lange Wachstumsdauer von Olivenbäumen bedenkt und der Olivenanbau die Lebensgrundlage darstellt.

288 Atashi war für die liberale zionistische Partei *Shinui* 1977-1981 sowie 1984-1988 Mitglied der *Knesset*, also genaugenommen damals ehemaliger Abgeordneter. Zuvor war er der erste nichtjüdische israelische Diplomat gewesen; vgl. *Knesset* o.J.a, online.

289 Vgl. Atashi 1997:146f; Interview mit Zeidan Atashi am 24. Juli 2009 in ʿIsfiyā.

290 Vgl. Atashi 1997:157.

schen Drusen zu überzeugen. Es kam zu heftigen Auseinandersetzungen mit Personen aus dem Umfeld des Sheihks, offenbar wollte man sich nicht zu sehr in Opposition zur Regierung begeben. Scheich Amīn gab schließlich seine Zustimmung und man einigte sich auf eine Kooperation und Koordination zwischen Scheich Amīn und der *Druze Follow-up Commission on behalf of the Druze in Lebanon* betreffend der Unterstützung der libanesischen Drusen.[291]

Mit der Unterstützung von Scheich Amīn Ṭarīf wurden nun die Bemühungen der *Druze Follow-up Commission* intensiviert: Unter anderem wurde Lobbying bei Abgeordneten der *Knesset* sowie Mitgliedern des Diplomatischen Korps in Israel betrieben und Pressekonferenzen veranstaltet. Weiters wurde versucht, in persönlichen Treffen IDF-Offiziere zu beeinflussen. Das vordergründige Ziel der Aktivitäten bestand darin, das Verhältnis zwischen Israel und der Falange, der dominanten christlichen Partei im Libanon, zu stören.[292]

Wie an anderer Stelle dieser Arbeit ausgeführt wird, wurde im Herbst 1982 die Lage der libanesischen Drusen im Šūf immer existenzbedrohlicher angesichts der erneuten Offensive der *Forces Libanaises*. Auch während dieser Offensive unterstützte die IDF die *FL*, wie Atashi als Augenzeuge beschreibt. Das Massaker in den palästinensischen Flüchtlingslagern Ṣabrā und Šātīlā durch die *Forces Libanaises*, welches ebenfalls kurz nach der Ermordung des frisch gewählten libanesischen Präsidenten Bashir Gemayels stattfand, alarmierte nicht nur die libanesischen Drusen, sondern intensivierte auch die Sorge der Gemeinschaft in Israel um ihre Glaubensgenossen.[293] Vor diesem Hintergrund kam es am 19. Oktober 1982 vor dem Büro des Premierministers in Jerusalem zur ersten drusischen Demonstration in Israel überhaupt. Die Argumentation der Demonstranten lässt sich anhand eines Zitats aus einem Interview mit Zeidan Atashi exemplarisch darstellen:

---

291 Interview mit Zeidan Atashi am 24. Juli 2009 in ʿIsfiyā. Scheich Amīn ist 1982 auch selbst in den Libanon gereist, wie Dr. Fāʾiz ʿAzzām von der Universität Haifa mir berichtete. Dr. ʿAzzām hat selbst an dieser Reise teilgenommen und begleitete im selben Jahr auch Zeidan Atashi in den Libanon; Gespräch mit Fāʾiz ʿAzzām am 23. Juli 2009 in Haifa.

292 Vgl. Atashi 1997:148.

293 Vgl. ebd.:152ff.

*The government of Israel must choose between the alliance with
the Druzes of Israel – which had proven itself – and the dubious
collaboration with the Phalangists. This is an hour of testing and
decision and we have had enough of unkept promises. Israel must
know that the Druze have never bent their knee in the history of
the Middle East and will continue strong and upright as surety for
their brothers.[294]*

Atashi spricht hier unmissverständlich von der Loyalität der Drusen
gegenüber dem Staat und spielt auf die drusischen Soldaten in Israel
an. Der Hinweis auf gebrochene Versprechen kann als eine deutliche
Warnung verstanden werden.

Das Medienecho auf die Demonstration in Israel war groß, wobei
der Tenor der Berichterstattung war, dass die israelisch-drusischen
Beziehungen auf der Kippe stünden. Hinzu kam die verstärkte Desertion von drusischen IDF-Soldaten und Reservisten, die sich im Libanon der PSP anschlossen.[295]

Nach der Demonstration am 19. Oktober 1982 lud Walīd Ǧunbulāṭ
Zeidan Atashi zu einem Treffen ein. Atashi zufolge war Ǧunbulāṭ bei
diesem Treffen anfangs äußerst reserviert, sah er in Atashi doch einen
Vertreter Israels. Es konnte schließlich aber eine Koordination zwischen der PSP und Atashi bzw. den Aktivitäten seiner Gruppe vereinbart werden. Auf dieses Treffen sollten noch weitere folgen. Sie fanden in Jordanien, wo Ǧunbulāṭ zeitweilig lebte, und in Europa statt.
Interessanterweise verzichtete Atashi auf jegliche Kontaktaufnahme
mit Vertretern der Familie Arslān, ein Indiz dafür, wie unbedeutend
die Arslāns zu diesem Zeitpunkt waren.[296]

Eine weitere Demonstration fand am 23. Februar 1983 vor der Bot-
schaft der USA in Tel Aviv statt und traf zeitlich mit der Ernennung
des neuen israelischen Verteidigungsministers Moshe Arens zusammen. Arens äußerte sich den Medien gegenüber verständnisvoll über
die Aktivitäten der israelischen Drusen. Mit dem Antritt von Moshe

---

294 Ebd.:154.

295 Vgl. ebd.:153.

296 Vgl. Interview mit Zeidan Atashi am 24. Juli 2009 in ʿIsfiyā.

Arens als Verteidigungsminister änderte sich endgültig die Strategie Israels, im Libanon ausschließlich die Maroniten zu unterstützen und man nahm den Drusen gegenüber eine wohlwollendere Haltung ein. Inwieweit diese Veränderung der Strategie Israels auf die Aktivitäten der israelischen Drusen zurückzuführen ist, kann nicht mit Sicherheit bestimmt werden. Moshe Arens selbst äußerte sich schon viel früher, nämlich 1980, über eine mögliche Partnerschaft mit den libanesischen Drusen.[297] Seine Politik gegenüber den libanesischen Drusen muss also nicht zwangsläufig in Zusammenhang mit den Aktivitäten der Gemeinschaft in Israel stehen. Nicht zuletzt sollte bei den Gründen für das Abkühlen der Beziehungen zwischen Israel und der Falange die zunehmende Enttäuschung berücksichtigt werden, die sich in Israel über die Falange und ganz besonders den neuen libanesischen Präsidenten Amīn Gemayel ausbreitete. Diese Enttäuschung erreichte ihren Höhepunkt nach dem Scheitern des libanesisch-israelischen Abkommens vom 17. Mai 1983.[298]

Zeidan Atashi stellte seine Aktivitäten für die libanesischen Drusen nicht ein, als das eigentliche Ziel, nämlich das Bündnis Israels mit den Falangisten zu stören, schon erreicht war. Atashi betrieb auch in den USA und Großbritannien in den Jahren 1983 und 1984 Lobbying für die libanesischen Drusen, wobei in den USA auch die dortige drusische *community* aktiv wurde.[299]

Im Laufe des Jahres 1983 fokussierte sich das drusische Lobbying zunehmend nicht nur auf die israelische Politik, sondern besonders

---

297 Interview mit Theodor Hanf; vgl. Hanf 1990:356, Anm. 163. Moshe Arens tritt bis in die jüngste Vergangenheit immer wieder in Zeitungskommentaren für die Anliegen israelischer Drusen ein. In seiner zweiten Amtszeit als Verteidigungsminister (1990–1992) setzte er sich für die Integration von Drusen in alle IDF-Einheiten ein und als Außenminister (1988–1990) für die Aufnahme von Drusen in den diplomatischen Dienst. Zeidan Atashi fragte in der *Jerusalem Post* angesichts seines Vorhabens der Integration in alle IDF-Einheiten „Can 'Moses' Arens Deliver?"; vgl. Atashi 1990:4. Diese Übertreibung gibt gut den Status wieder, den Arens bis heute in Teilen der Gemeinschaft genießt.

298 Interview mit Shakeeb Salih am 24. Juli 2009 in Mġār.

299 Vgl. Betts 1988:108. Atashi zufolge waren die amerikanischen Drusen „more on a local level" aktiv und spendeten Geld; Interview mit Zeidan Atashi am 24. Juli 2009 in 'Isfiyā. Genauere Informationen über die Aktivitäten der Drusen in den USA finden sich auf der Homepage von Julia Makarem; vgl. Ajaj 2007; online.

auch auf die Rolle der USA unter Präsident Reagan. Die Reagan Administration unterstützte damals zunehmend den libanesischen Präsidenten Amīn Gemayel, nachdem Israel seine „schützende Hand" zurückgezogen hatte. Die USA rüsteten nicht nur die reguläre, also auf Seiten von Gemayel stehende, libanesische Armee aus, sondern engagierten sich auch militärisch – und zwar gegen die PSP. So begann das Kriegsschiff USS New Jersey drusische Stellungen im Gebirge zu beschießen. In den USA selbst war die Presse sehr anti-drusisch eingestellt. In der Öffentlichkeit wurde die PSP als Verbündeter Syriens bzw. der Sowjetunion wahrgenommen und damit als Feind der USA.[300] Atashi konnte bei seinen Lobbyingaktivitäten in den USA auf ein Netzwerk von Kontakten mit amerikanischen Juden zurückgreifen, das er in seiner Zeit als israelischer Diplomat in den USA während der 1970er Jahre aufgebaut hatte.[301]

Die Drusen in Israel hatten durch das vehemente Eintreten für ihre libanesischen Glaubensbrüder das erste Mal in ihrer Geschichte als Gemeinschaft politische Forderungen erhoben und sich in Opposition zur Politik der Regierung begeben. Die Gemeinschaft bediente sich auch erstmals solcher Instrumente wie Demonstrationen, Pressekonferenzen oder Medienkampagnen. Vertreter der arabophilen israelischen Drusen wie das DIC setzten sich in dieser Periode allgemein gegen den Krieg im Libanon ein.[302] Die Kampagne bezüglich der libanesischen Drusen wurde hingegen von Personen getragen, die dem Staat vielleicht kritisch, aber doch explizit loyal gegenüber standen, wie Zeidan Atashi.[303] Trotzdem war für das Handeln dieser Gruppe die Solidarität mit den Mitgliedern der eigenen Gemeinschaft im Libanon,

---

300 Vgl. Betts 1988:108. Paradoxerweise gab es genau zu jener Zeit eine hohe Diplomatin libanesisch-drusischer Abstammung in der Reagan-Administration. Selwa Roosevelt (geb. Salwā Šuqair) war Protokollchefin des Außenministeriums. Sie hat in die einflussreiche Familie Roosevelt eingeheiratet; vgl. ebd.:53f. Ob sie sich für die libanesischen Drusen eingesetzt hat, ist mir nicht bekannt.

301 Interview mit Zeidan Atashi am 24. Juli 2009 in ʿIsfiyā.

302 Interview mit Salmān Naṭūr am 5. August 2011 in Haifa.

303 Eine Loyalität, die Atashi auch von Christen und Muslimen in Israel einfordert; vgl. Atashi 2002, online.

mit denen sie zuvor keinen Kontakt gehabt hatten, wichtiger als die Unterstützung der israelischen Regierung.

3.7 Die Drusen auf dem Golan und die israelische Besetzung

3.7.1 Die Situation der Drusen auf dem Golan von 1967 bis in die 1970er Jahre

Nach der Eroberung der Golanhöhen von Syrien durch Israel im Jahr 1967 erlaubte die IDF nur den Bewohnern der drusischen Dörfer (Maǧdal Šams, Masʿada, Buqʿātā, ʿAin Qinya und Šaitā) zu bleiben.[304] Die IDF tat das in dem Glauben, dass die Drusen auf dem Golan eine ähnliche Loyalität dem Staat Israel gegenüber entwickeln würden wie ihre Glaubensgenossen in Galiläa und auf dem Karmel. Die Ungleichbehandlung der Drusen gegenüber dem Rest der syrischen Bevölkerung lässt eine Parallele zur bereits diskutierten israelischen Politik von 1948 erkennen. Die Ansicht, dass nur die Drusen, aufgrund ihrer traditionellen Verbundenheit mit dem Land, auf dem sie leben, in ihren Dörfern geblieben sind, erweist sich im Fall des Golan als unhaltbar. Auch Teile der nicht-drusischen Bevölkerung harrten während der Kriegsereignisse am Golan aus, wurden aber von der IDF vertrieben. Es ist schwierig festzustellen, wie viele der rund 130 000 Bewohner des Golan 1967 vertrieben wurden und wie viele schon vorher geflohen waren. Rund 20% der Drusen auf dem Golan flüchteten ebenfalls nach Syrien, darunter besonders die mit einer besseren Ausbildung.[305]

---

304 Lisa Hajjar zufolge betrug die Zahl der Drusen 6396 von ursprünglich ca. 130 000 Bewohnern des Golan; vgl. Hajjar 1996:5. Zu den drusischen Dörfern kommt noch das isoliert an der libanesischen Grenze gelegene alawitische Dorf Ġaǧar. Dessen Lage ist so isoliert, dass die IDF es möglicherweise erst bemerkt hat, als die Vertreibungen der Golanis vorbei waren; ebd.:10 Anm. 17.

305 Vgl. Maraʾi/Halibi 1992:79f. Zu Vertreibungen durch die IDF kam es z.B. am 12. September 1967 in der Stadt Qunaiṭira, wo einige Tausend Bewohner (von ursprünglich ca. 20 000) ausgeharrt hatten. Die Bewohner wurden von der IDF zum Verlassen der Stadt gezwungen. Ebenso erging es Sunniten und Alawiten, die in Maǧdal Šams Zuflucht gesucht hatten; vgl. ebd:79.

Das Dorf Šaitā wurde 1970 durch die israelischen Behörden zerstört und der gesamte Landbesitz konfisziert, um eine Militärbasis zu errichten. Die Bewohner wurden auf die anderen drusischen Dörfer des Golan aufgeteilt.[306]

Sofort nach der Besetzung wurde israelisches Recht auf dem besetzten Golan eingeführt und damit das syrische Recht abgeschafft sowie eine israelische Militärverwaltung eingesetzt. Die unter syrischer Herrschaft gewählten Bürgermeister wurden abgesetzt. In der Folge scheiterten die Versuche, *Local Councils* einzurichten und die traditionellen Eliten zu kooptieren bzw. neue israelfreundliche Eliten zu schaffen. Lediglich weniger prominente Bewohner erklärten sich zur Zusammenarbeit bereit. Dennoch mussten die Bemühungen, eine israelfreundliche Elite zu rekrutieren, bald als gescheitert angesehen werden. Aufgrund der mangelnden Kooperation der Golan-Drusen wurden z.B. die Bürgermeister schlussendlich von den israelischen Behörden ernannt und nicht gewählt.[307]

Die Politik Israels war es, zu versuchen, die Golan-Drusen in die israelische Gesellschaft zu integrieren, speziell in die drusische Gemeinschaft in Israel. Diese Bemühungen schlugen jedoch ebenfalls fehl. Die Drusen auf dem Golan begriffen sich als Teil der syrischen Nation und des unabhängigen syrischen Staates, dem sie vor der israelischen Besetzung 1967 (die Annexion erfolgte erst 1981) 21 Jahre lang angehört hatten. Anders als die Drusen in Israel sind die Drusen auf dem Golan nie isoliert gewesen, sondern waren Teil der viel größeren drusischen Gemeinschaft in Syrien, wo fast jeder Golandruse Verwandte hat.[308] Der Umstand, dass die Drusen auf dem Golan eine andere Entwicklung genommen haben wie jene in Israel, lässt sich auch daran erkennen, dass zwischengeschlechtliche Beziehungen deutlich weniger eingeschränkt sind als jene unter Drusen in Israel.

Zum ersten Mal kam es 1970 zu einer Massendemonstration der Golan-Drusen gegen die israelische Besetzung. Als Anlass diente der Tod des ägyptischen Staatschefs Ǧamāl ʿAbd an-Nāṣir, der wie kein

---

306 Vgl. ebd.:79f.
307 Vgl. Atashi 1997:134; Maraʾi/Halibi 1992:80f.
308 Interview mit Zeidan Atashi am 24. Juli 2009 in ʿIsfiyā.

anderer Politiker den arabischen Nationalismus verkörperte. Schüler
führten die Proteste an und die israelische Militärverwaltung reagierte
mit Festnahmen und der Entlassung von Lehrern.[309]

1972 wurde Kamāl al-Kanǧ, ein hoher Würdenträger und ehemaliger Abgeordneter im syrischen Parlament, zu lebenslanger Haft wegen Spionage für Syrien verurteilt. 1976 erfolgte im Zuge eines Gefan-
genenaustausches mit Syrien seine Freilassung. Die Verhaftung von
Kamāl al-Kanǧ wurde als Affront gegen die Gemeinschaft gewertet
und vereinte auch solche in den Protesten, die Israel eigentlich freundlich gegenüberstanden.[310] Kamāl al-Kanǧ war nicht der einzige Golandruse, der für Syrien spionierte. 1972 hoben die israelischen Sicher-
heitskräfte mehrere Spionagezellen aus, wobei Tarabieh zufolge bis zu
150 Personen involviert waren.[311]

Die genaueren Hintergründe der Verhaftung von Kamāl al-Kanǧ
sind nicht völlig klar und stehen in Zusammenhang mit dem Plan der
Errichtung eines drusischen Pufferstaates. Der israelische Vizepre-
mierminister Yigal Allon verfolgte diesen Plan mit großem Engagement. Der „Allon-Plan" sah unter anderen, das Westjordanland betreffenden Punkten eine drusische Republik vor, an die auch libanesische
Gebiete und die Gebiete im Ḥaurān angeschlossen werden sollten.
Kamāl Kanǧ, dessen Einstellung zu Israel schon 1948 nicht völlig klar
gewesen war, sollte eine Schlüsselfigur bei der Umsetzung des „Allon-
Plans" sein.[312] Fraglich ist, wie es Kanǧ gelungen ist, sich den Israelis
als vertrauenwürdiger Partner zu präsentieren, bei dem sogar Moshe
Dayan über Nacht zu Gast war. Kanǧ war schließlich bereits 1951 an
der Enttarnung eines israelischen Spionagerings unter den Golan-Drusen beteiligt gewesen, eine Tatsache, die den Israelis bekannt war.[313]
Kanǧ signalisierte nicht nur seine Zustimmung zum „Allon-Plan", sondern arbeitete auch aktiv mit Allon und dem israelischen Geheimdienst zusammen. Über einen Mittelsmann wurde der „Allon-Plan"

---

309 Vgl. Tarabieh 1995:44.
310 Vgl. Atashi 1997:135.
311 Vgl. Tarabieh 1995:44; 47 Anm. 9.
312 Vgl. Swayd 2006:63; 94f.
313 Vgl. Black/Morris 1991:101; Fogelmann 2010, online.

92

aber von Kang an Kamāl Ǧunbulāṭ weitergegeben und öffentlich gemacht. Damit war diese Option vom Tisch.[314] Ob sie wirklich je ernsthaft innerhalb der israelischen Regierung in Betracht gezogen wurde, ist zweifelhaft.[315] Unklar ist auch, ob Kang tatsächlich von Beginn an mit den Israelis ein doppeltes Spiel getrieben hat und schlicht seine Gemeinschaft vor der Vertreibung schützen wollte, indem er vorgab, mit Allon zu kooperieren. Es besteht aber auch die Möglichkeit, dass Kang tatsächlich zeitweise mit der Option eines drusischen Pufferstaates spekuliert hat. Analog zu seinem Verhalten 1948 bleibt auch hier seine Intention unklar.

Manche israelische Drusen, wie auch jüdisch-israelische Autoren, sehen das Ende jeglicher Kooperationsbereitschaft der Golan-Drusen mit Israel erst ab dem Dezember 1979, als eine Rückkehr zu Syrien auf einmal wieder realistisch erschien. Unmittelbar nach dem Camp-David-Abkommen hatte der damalige Außenminister Moshe Dayan erklärt, dass im Zuge eines möglichen Friedensschlusses mit Syrien auch von Israel auf den Golan verzichtet werden könnte, so wie es gerade Ägypten gegenüber mit dem Sinai passierte. Darauf überdachten, so die Argumentation, die Golan-Drusen jegliche Kooperation mit Israel, aus Angst, nach der Rückgabe des Golan an Syrien als Verräter behandelt zu werden. Die Regierung unter der Arbeiterpartei, mit Golda Meir als Premierministerin und Moshe Dayan als Verteidigungsminister, hatte zuvor immer den Standpunkt vertreten, für ewige Zeiten auf dem Golan bleiben zu wollen.[316] Diese Argumentation vernachlässigt aber die Massendemonstration anlässlich des Todes von Ǧamāl ʿAbd an-Nāṣir 1970 und die Aushebung der Spionagezellen 1972. Auch drusische Autoren vom Golan wie Tarabieh teilen die Einschätzung, dass der Jom-Kippur-Krieg 1973 den Eindruck unter den Golan-Drusen verstärkte, die Besetzung würde noch länger dauern. Syrien war es nicht gelungen, den Golan von Israel zurückzuerobern, und in der Folge

---

314 Vgl. Swayd 2006:63; 94f.
315 Vgl. Fogelmann 2010, online.
316 Vgl. Atashi 1997:134f; Teitelbaum 1985:359; Interview mit Shakeeb Salih am 24. Juli 2009 in Mġār.

wäre bis Ende der 1970er Jahre „on a relatively low scale"[317] Widerstand geleistet worden.[318]

Ab Ende der 1970er Jahre gestattete Israel einer begrenzten Anzahl von Golan-Drusen, in Syrien zu studieren. Shakeeb Salih, Dozent an der Bar-Ilan Universität, sieht hier einen weiteren Grund dafür, dass sich die Beziehungen der Golan-Drusen zu Syrien wieder intensivierten.[319]

3.7.2 Widerstand gegen die Annexion des Golan durch Israel

1977 gewann der *Likud* erstmals die Wahlen zur *Knesset* und Menachem Begin wurde Premierminister. Die neue Regierung verfolgte von Anfang an den Plan einer Annexion des Golan, die auf das Drängen der lokalen Bevölkerung hin erfolgen sollte. Den Willen, Teil des jüdischen Staates zu werden, sollten die Golan-Drusen durch massenhaftes Ansuchen auf israelische Staatsbürgerschaft bekunden. Das diesbezügliche Gesetz trat 1980 in Kraft und bis Ende des Jahres hatten rund 400 Golan-Drusen von dem Angebot einer israelischen Staatsbürgerschaft Gebrauch gemacht. Bereits zu diesem Zeitpunkt übten die israelischen Behörden starken Druck auf die Golan-Drusen aus. So wurde die israelische Staatsbürgerschaft z.B. zu der Voraussetzung für den Erhalt eines Führerscheines und für die Bewegungsfreiheit innerhalb Israels. Hinzu kam als ein weiteres Indiz auf eine bevorstehende Annexion, dass die Befugnis der israelisch-drusischen Gerichte auf den Golan ausgeweitet wurde. Diese Maßnahme blieb allerdings ohne Wirkung, da ihre Autorität dort nicht anerkannt wurde.[320]

Der Widerstand gegen die Annexionspolitik der *Likud*-Regierung äußerte sich immer öfter in Demonstrationen. Im März 1981 berief die religiöse Führung der Golan-Drusen, auch auf Druck von politischen Aktivisten innerhalb der Gemeinschaft, eine Versammlung ein. An der Versammlung nahmen Rund 6000 Bewohner der drusischen Dörfer

---

317 Tarabieh 1995:44.
318 Vgl. ebd.
319 Interview mit Shakeeb Salih am 24. Juli 2009 in Mġār.
320 Vgl. Mara'i/Halibi 1992:82f.

teil, somit über die Hälfte der Einwohner. Es wurde beschlossen, einen sozialen und religiösen Bann, *de facto* eine Exkommunikation über jedes Mitglied der Gemeinschaft zu verhängen, wenn es die israelische Staatsbürgerschaft annähme. Wie Mara'i/Halibi anmerken, die beide vom Golan stammen: „In a small community like ours, where everyone knows everyone else, the effect of such an ostracism is devastating."[321] Im selben Treffen wurde ein Nationaldokument angefertigt, das an die UN, Diplomaten, die Presse und auch israelische Politiker weitergegeben wurde.[322] Zeidan Atashi fasst den Inhalt des Dokuments wie folgt zusammen:

> *1. The Golan is an integral part of Syria;*
> *2. The Golan Druze are attached to the soil and they reaffirm their ownership of the land;*
> *3. Anyone who might sell or trade with Israelis would be excommunicated;*
> *4. The Local Councils set up by the Military Administration were illegal; and*
> *5. Any Druze from the Golan taking out Israeli citizenship would be excommunicated...*[323]

Nach der Veröffentlichung des Nationaldokuments stoppten die Anträge auf die israelische Staatsbürgerschaft und diejenigen, die schon angesucht hatten, zogen mehrheitlich ihre Anträge zurück.[324] Die israelische Seite reagierte mit der Verhängung von Sanktionen auf die Veröffentlichung des Nationaldokuments, durch die der Plan einer Annexion auf Wunsch der indigenen Bevölkerung öffentlich torpediert wurde. Die Sanktionen beinhalteten u.a. eine Begrenzung der Bewegungsfreiheit, die Erhöhung von Steuern sowie eine Beschränkung der Absatzmöglichkeiten für landwirtschaftliche Produkte.[325] Der Druck der israelischen Regierung verstärkte sich nun immer mehr.

---

321 Ebd.:83.
322 Vgl. Atashi 1997:137; Mara'i/Halibi 1992:83.
323 Atashi 1997:137, Auslassungen durch den Verfasser TL.
324 Vgl. ebd.
325 Vgl. Mara'i/Halibi 1992:83.

Der besetzte Golan wurde am 14. Dezember 1981 per Gesetz annektiert, was einen dreitägigen Generalstreik von Seiten der Golan-Drusen zur Folge hatte. Die Lage eskalierte endgültig am 13. Februar 1982
mit der Festnahme von mindestens[326] vier Führungspersönlichkeiten
der Golan-Drusen. Daraufhin wurde am 14. Februar wieder ein Generalstreik ausgerufen – er sollte diesmal über fünf Monate dauern. Wie
nach der Veröffentlichung des Nationaldokuments reagierte die israelische Regierung mit einer Kollektivstrafe: Sie verhängte über die vier
drusischen Dörfer eine totale Blockade. Für die Bevölkerung bedeutete
die Blockade, dass es keinerlei Transportmöglichkeiten gab, auch bezüglich der Lieferung von Nahrungsmitteln und Medikamenten. Zusätzlich wurden die Dörfer von den Wasser- und Elektrizitätsleitungen
abgeschnitten.[327] Die IDF wollte auch den Austausch zwischen den
Dörfern verhindern, was jedoch nicht vollständig gelang.[328] Demonstrationen fanden während des Streiks häufig statt, manche davon en-
deten auch gewalttätig. Mara'i/Halibi zufolge starben rund 35 Golan-
Drusen bei diesen Ausschreitungen. Mindestens zwei Golan-Drusen
verstarben, da aufgrund der Blockade keine Rettungswagen zu den
Dörfern durften. Ebenfalls von der Blockade betroffen waren z.B. das
Internationale Rote Kreuz, Mitglieder der *Knesset*, Journalisten, An-
wälte und NGO's.[329]

Am 1. April 1982 wurde der Golan offiziell zum Sperrgebiet erklärt
und eine Ausgangssperre rund um die Uhr verhängt. Gleichzeitig ver-
legte die israelische Regierung ca. 14 000 Soldaten, mehr als der Golan
zu dieser Zeit indigene Bewohner hatte, in das Gebiet. Die Soldaten
gingen von Haus zu Haus, konfiszierten die Personalausweise der Militärverwaltung und händigten israelische Personalausweise aus, in
denen die israelische Staatbürgerschaft vermerkt war. Im Zuge dieser
Aktivitäten der IDF kam es zu rund 150 Festnahmen. Der Versuch, die
Golan-Drusen auf diese Art zur Annahme der israelischen Staatsbür-

---

326 Laut Scott Kennedy waren es neun, die festgenommen wurden und ohne Prozess
ins Gefängnis kamen; vgl. Kennedy 1984:53.
327 Vgl. Mara'i/Halibi 1992:83f.
328 Vgl. Kennedy 1984:53.
329 Vgl. ebd.:54f; Mara'i/Halibi 1992:83f.

gerschaft zu zwingen, scheiterte grandios: Die Personalausweise wurden einfach kollektiv auf die Straße geworfen. Am 5. April 1982 zog sich die IDF wieder zurück und die Blockade wurde gelockert. Auch wurde vom Vorhaben, die Golan-Drusen zur Annahme der Staatsbürgerschaft mittels Personalausweises zu zwingen, abgesehen und ein Kompromiss geschlossen. Die Mehrheit der Golan-Drusen, die die Staatsbürgerschaft nicht angenommen hatte, wird von Israel seitdem als „residents of Israel" und nicht als Staatsbürger angesehen, vergleichbar mit der Situation der arabischen Bewohner von Ost-Jerusalem. Das Problem der Staatsbürgerschaft der Golan-Drusen blieb dadurch aber weiter ungeklärt. Teil des Kompromisses der Golan-Drusen mit der israelischen Regierung beinhalteten u.a. auch die Garantie der Möglichkeit von Reisen nach Syrien, sowie die Sicherstellung des Landbesitzes und der Wasserressourcen, Voraussetzungen, die von der israelischen Seite in Folge nicht eingehalten wurden.[330]

Es stellt sich die Frage, inwieweit externe Faktoren dazu beitrugen, die Politik von Verteidigungsminister Ariel Sharon zu ändern, nämlich davon abzusehen, die Golan-Drusen zur Akzeptanz der israelischen Staatsbürgerschaft zu zwingen. Zunehmende Kritik an der Blockade kam von der Presse, aber auch innerhalb der drusischen Gemeinschaft in Israel wurde immer offener für die Glaubensgenossen auf dem Golan in der Form von Solidaritätskundgebungen Partei ergriffen.[331] Ein Komitee für Solidarität mit den Drusen auf dem Golan wurde durch das DIC-Mitglied Salmān Naṭūr [Salman Natour] gegründet, mit dem Ziel, die Golan-Drusen bei ihrem Streik zu unterstützen. Eine durch das Komitee organisierte Demonstration in Dāliyat al-Karmal hatte über 2000 Teilnehmer gehabt, was im israelisch-drusischen Kontext als großer Erfolg angesehen werden kann. Anschließend schränkten die israelischen Behörden Naṭūrs Bewegungsfreiheit stark ein und er durfte Dāliyat al-Karmal für sechs Monate nicht verlassen.[332] Auch „loyale" Persönlichkeiten der israelischen

---

330 Vgl. Kennedy 1984:55; Mara'i/Halibi 1992:84.

331 Vgl. Atashi 1997:139.

332 Vgl. Teitelbaum 1985:356f. Teitelbaums Behauptung, dass gegen die Aktivitäten des DIC und der Kommunistischen Partei RAKAH von Golan-Drusen protestiert

Drusen versuchten zwischen Regierung und Golan-Drusen zu vermitteln, wie z.B. Zeidan Atashi und Scheich Amīn Ṭarīf.[333]

Nicht alle drusischen Führungspersönlichkeiten in Israel setzten sich für ihre Glaubensgenossen auf dem Golan ein. Der *Likud*-Abgeordnete Amal Naṣir ad-Dīn fügte sich der Linie von Partei und Regierung und verlor in Folge jegliche Reputation in der drusischen Gemeinschaft.[334] In den ersten Jahren nach der Besetzung des Golan hatte er versucht, die Golan-Drusen zur Kooperation mit Israel zu bewegen. Diese Aktivitäten hatten kaum Erfolg gehabt und verursachten zunehmend Misstrauen von Seiten der Golan-Drusen gegenüber den israelischen Drusen.[335]

Die israelischen Drusen trugen auch zur tatsächlichen Beendigung des Streiks am 21. Juni 1982 bei. Unterdessen hatte die Operation „Friede für Galiläa" begonnen und das Interesse der Medien verlagerte sich auf den Libanon. Die israelischen Drusen brauchten in Folge jegliche mediale Aufmerksamkeit, um auf die prekäre Lage der libanesischen Drusen im Libanongebirge aufmerksam zu machen. Jeder zusätzliche Konflikt der Drusen mit der Regierung hätte die Hilfe für die libanesischen Drusen gefährdet. Allerdings kann nicht außer Acht gelassen werden, dass die zunehmenden wirtschaftlichen Probleme der Golan-Drusen vermutlich auch in die Entscheidung mit eingeflossen

---

wurde, ließ sich leider nicht überprüfen. Wahrscheinlich ist jedoch, dass es sich um eine sehr kleine Minderheit oder eine Einzelperson gehandelt hat, wenn man bedenkt, dass die Mehrheit der Golan-Drusen den Widerstand getragen hat; vgl. ebd.:357 Anm.71.

333 Vgl. Atashi 1997:138;140. Scheich Amīn Ṭarīf versuchte auch, sich für eine Aufhebung des sozialen und religiösen Boykotts gegenüber jenen Golan-Drusen, die die israelische Staatsbürgerschaft behalten hatten, einzusetzen. Das führte zu einem Eklat bei einer Konferenz (Betts führt nicht aus, in welchem Rahmen diese Konferenz stattfand) am Schrein von Nabī Šuʿaib, mit Teilnehmern aus Israel und dem Libanon. Golan-Drusen riefen während der Konferenz anti-israelische Parolen; vgl. Betts 1985:105. Salmān Naṭūr beschreibt die Haltung des Scheichs als weitgehend neutral, er hätte zumindest nichts gegen die Aktivitäten des DIC unternommen oder das Vorgehen der Golan-Drusen verurteilt; Interview mit Salmān Naṭūr am 5. August 2011 in Haifa.

334 Vgl. Atashi 1997:138.

335 Interview mit Shakeeb Salih am 24. Juli 2009 in Mġār.

sind, den Streik zu beenden.[336] Trotz der Rolle als Vermittler und der Versuche, beide Parteien von einer Eskalation des Konflikts abzuhalten, spielten die israelischen Drusen bei der Lösung des Konflikts jedoch keine entscheidende Rolle, wie auch der involvierte Zeidan Atashi selbst feststellt.[337]

Der Streik der Golan-Drusen war auf jeden Fall eine erfolgreiche Art von gewaltfreiem Widerstand. Für den Erfolg ausschlaggebend war die Geschlossenheit der Gemeinschaft. Selbst als die Führungspersönlichkeiten verhaftet wurden, brach der Widerstand nicht zusammen, da er auf der Grundlage eines Konsens innerhalb der Gemeinschaft beschlossen worden war und durch die Solidarität innerhalb der Gemeinschaft und wirksame soziale Kontrollmechanismen aufrecht erhalten wurde.[338]

3.7.3 Die Lage der Golan-Drusen seit den frühen 1980er Jahren

Die drusischen Dörfer auf dem Golan leben traditionell von der Landwirtschaft, wobei besonders der Anbau von Äpfeln dominiert.[339] Eine Ausnahmegenehmigung erlaubt es seit 2004, die jährliche Apfelernte direkt nach Syrien zu verkaufen, wo sie einen höheren Preis als auf dem israelischen Markt erzielt. Syrien kann so mit Billigung Israels die Golan-Drusen wirtschaftlich unterstützen.[340] Die israelische Regierung erlaubt Golan-Drusen außerdem selektiv, in Syrien zu studieren sowie das Land aus religiösen oder familiären Gründen zu besuchen.[341] Beides sind auch Gründe dafür, dass eine starke Bindung an Syrien bestehen bleibt. Jedes Jahr wird weiterhin zweimal gestreikt und die Zugehörigkeit zu Syrien demonstriert: Am Jahrestag des Generalstreiks und am syrischen Unabhängigkeitstag. Seit 1987 begeht man auch den Jahrestag der ersten Intifada.[342] Der Widerstand gegen Israel wird be-

---

336 Vgl. Atashi 1997:140f.
337 Vgl. ebd.:144.
338 Vgl. Kennedy 1984:60.
339 Vgl. ebd.:85.
340 Vgl. Ashkenazi 2010, online.
341 Vgl. Mara'i/Halibi 1992:91.
342 Vgl. ebd.:84.

sonders zu diesen Gelegenheiten in der Form von Demonstrationen ausgedrückt.[343] Der Widerstand äußert sich aber nicht ausschließlich friedlich. Mitte der 1980er Jahre bildeten sich Zellen von Saboteuren, die kleinere Anschläge auf israelische Militäreinrichtungen auf dem Golan verübten. Obwohl der Großteil der Saboteure relativ schnell von Israel gefasst wurde, blieben andere Zellen weiter aktiv.[344] In der jüngeren Vergangenheit kam es u.a. auch zur Verhaftung von Golan-Drusen durch die israelischen Sicherheitsbehörden wegen Spionage für ein feindliches Land[345] und wegen der versuchten Entführung eines IDF-Soldaten nach Syrien.[346] Der Widerstand der Golan-Drusen bleibt demnach, auch 30 Jahre nach der Annektierung, nicht nur friedlich.

Die Beziehungen der Golan-Drusen zu den israelischen Drusen sind als distanziert zu bezeichnen, was sich besonders augenfällig darin ausdrückt, dass nur wenig untereinander geheiratet wird. Dieser Umstand sagt einiges über das schlechte Verhältnis der beiden Gemeinschaften aus, wenn man die traditionelle Endogamie der Drusen und die geringe Größe beider Gemeinschaften in Betracht zieht.[347] Auf politischer Ebene werden Kontakte mit drusisch-israelischen Vertretern weitgehend vermieden,[348] ansonsten haben die Golan-Drusen ihre eigene religiöse und politische Führung. Ein Austausch findet manchmal im Rahmen von Festen und religiösen Zeremonien statt.[349] Die Beziehungen zu den Palästinensern im Westjordanland und in Gaza kön-

---

343 Vgl. Tarabieh 1995:45.

344 Vgl. Abu Fakhr 2000:32ff.

345 Vgl. Khoury 2010, online.

346 Vgl. Ash 2003a, online.

347 Vgl. Mara'i/Halibi 1992:89f. Laut Shakeeb Salih, Dozent an der Bar-Ilan Universität, heiraten lediglich Frauen aus dem Golan israelische Drusen. Heiraten von weiblichen Drusen aus Israel mit Golan-Drusen kämen hingegen kaum vor, weil israelische Drusen Angst hätten, ihre Töchter nicht mehr sehen zu können, sollte der Golan wieder unter syrische Kontrolle zurückkehren; Interview mit Shakeeb Salih am 24 Juli 2009 in Mġār. Zeiden Atashi hingegen sprach von Heiraten „in both directions"; Interview mit Zeidan Atashi am 24. Juli 2009 in 'Isfiyā

348 Interview mit Shakeeb Salih am 24 Juli 2009 in Mġār. Als Beispiel wurde Sa'īd Naffā' genannt.

349 Interview mit Zeidan Atashi am 24. Juli 2009 in 'Isfiyā.

nen, im Gegensatz zu denen mit den Drusen in Israel, als viel besser angesehen werden. Bei verschiedenen Gelegenheiten wird gegenseitige Solidarität demonstriert, wenn auch eher symbolisch und durch die räumliche Trennung begrenzt.[350] Offenbar taugt aber die gemeinsame Erfahrung der israelischen Besatzung und des Widerstands mit den Palästinensern besser zur Identifikation als die gemeinsame Religion mit den israelischen Drusen.

Da der Staat Israel in Infrastruktur und Bildung (außer den Gehaltszahlungen der Lehrer) für die Golan-Drusen nur sehr wenig investiert, werden solche Investitionen in Eigeninitiative finanziert und durchgeführt. Besonders die indigenen NGO's *Golani Academic Association* und *Arab Association for Development* sind in diesem Bereich federführend.[351] Wie groß das Ausmaß dieses Engagements im Bildungsbereich ist, lässt sich sehr gut im Vergleich mit den israelischen Drusen erkennen, wo das Bildungsniveau und die Qualität der Schulen als deutlich geringer angesehen werden als auf dem Golan. Der Bereich Bildung führte seit den 1970er Jahren immer wieder zu Auseinandersetzungen mit der Besatzungsmacht und wurde auch aus diesem Grund von den Golan-Drusen besonders intensiv gefördert. Die Errungenschaften der Golan-Drusen im Bildungsbereich, aber auch in wirtschaftlicher Hinsicht, werden von ihren Glaubensbrüdern in Israel teilweise nicht ohne eine gewisse Bewunderung zur Kenntnis genommen.[352]

Die Zukunft des Golan bleibt ungewiss, seit 1991 wurde immer wieder – letztlich erfolglos – über einen Friedensschluss zwischen Israel und Syrien verhandelt. Drusen spielen hierbei kaum eine Rolle, weder auf israelischer noch auf syrischer Seite. Sowohl den Drusen in Israel als auch denen auf dem Golan oder in Syrien mangelt es ganz offensichtlich an politischem Einfluss.[353] Eine Ausnahme stellt das Engagement des israelischen Drusen As'ad As'ad dar, eines ehemaligen

---

350 Vgl. Mara'i/Halibi 1992:85; Interview mit Shakeeb Salih am 24 Juli 2009 in Mġār.

351 Vgl. Tarabieh 1995:46f. Zur *Arab Association for Development* vgl. außerdem Klein 2001:106f.

352 Interview mit Zeidan Atashi am 24. Juli 2009 in 'Isfiyā.

353 Ebd; Auskunft per E-Mail von Dr. Alon Liel am 9. Juli 2009.

Diplomaten, Berufsoffiziers und *Likud*-Abgeordneten. As'ad As'ad versuchte, die drusische Gemeinschaft in Syrien für ein Engagement bei israelisch-syrischen Friedensverhandlungen zu gewinnen.[354]

3.8 Das *Druze Initiative Committee* (DIC) und die pro-palästinensische Fraktion der Drusen in Israel

Wie bereits erwähnt, wurde das DIC zu der Organisation, in der sich die pro-palästinensischen bzw. pro-arabischen Kräfte unter den Drusen in Israel sammelten. Der Anstoß zur Gründung des DIC geht aber nicht auf die Initiative jener Gruppe von Intellektuellen zurück, die sich als Araber und Muslime begriffen und den von staatlicher Seite geförderten Partikularismus ablehnten. Die Gründung des DIC erfolgte nämlich durch die Initiative eines religiösen Führers namens Scheich Farhūd Farhūd aus dem Dorf ar-Rāma. Anlass für Scheich Farhūd, der schon seit 1956 gegen die Wehrpflicht für Drusen eintrat, war die Einberufung seines Sohnes.[355] In einem Brief an andere drusische Würdenträger legte er seine Gründe für die Ablehnung des verpflichtenden Dienstes in der IDF dar:

> *We have been counting the years ... in which we have paid the tax of the blood of our children to the present policy which requires of us mandatory conscription. You and we know that the authorities succeeded in pressuring and squeezing, in various ways, the agreement of only tens of people in favor of the Law of Security Service. However, as is known to us, you, and the authorities, over 1,500 Druze signed petitions against the law. But the current policy accepted the opinion of the minority, and ignored the opin-*

---

354 Vgl. Pelham 2007, online. As'ad As'ad war Mitglied der israelischen Delegationen bei den Friedensgesprächen in Madrid und Washington; vgl. Knesset o.J.c, online. Das Engagement von As'ad As'ad für einen Frieden mit Syrien scheint nicht besonders bekannt zu sein und wurde von keiner Auskunftsperson und keinem Interviewpartner erwähnt, trotz der konkreten Frage nach einer Beteiligung von Drusen bei israelisch-syrischen Friedensbemühungen. Den Hinweis auf eine drusische Involvierung verdanke ich Dr. Grudrun Harrer.

355 Vgl. Firro 1999:205.

ion of the majority. Mandatory conscription means the loss of our children's future.[356]

Die bereits besprochene pro-arabische bzw. pro-palästinensische Gruppe, unter ihnen viele Aktivisten der kommunistischen Partei RA-KAH, traf sich im März 1972 im Haus von Scheich Farhūd und gründete das DIC.[357] Es wurde ein Konsens über zwei Themen erzielt:

1. Die Abschaffung der Wehrpflicht für Drusen;
2. Gegen die Pläne der Regierung aufzutreten, die Drusen von den Palästinensern zu separieren.[358]

Besonders in der Gründungsphase war die Wehrpflicht das bestimmende Thema für die Aktivitäten des DIC. Im Zentrum der Agitation des DIC steht die Identität der Drusen in Israel als palästinensische Araber und darüber hinaus auch als Muslime. Es wird hier unter anderem das Argument der Drusen als „the closest to the Arab nation ethnically, racially and by blood"[359] verwendet, aufgrund des von den Drusen gesprochen Dialekts, der besonders nahe am klassischen Arabisch sei.[360] Dieselbe Argumentation findet sich u.a. auch bei Kamāl Ǧunbulāṭ.[361]

Der israelische Forscher Joshua Teitelbaum hat in den 1980er Jahren über das Thema gearbeitet, von ihm stammt die ausführlichste Arbeit über das DIC.[362] Während Teitelbaum dem DIC zugesteht, dass gute Gründe vorhanden seien, die Drusen in Israel als palästinensische Araber anzusehen, verwirft er die Selbstbestimmung als Muslime als

---

356 Al-Ghad, Feb. 1972 zit. nach Teitelbaum 1985:349, Auslassung bei Teitelbaum, Hervorhebungen durch Teitelbaum wurde nicht übernommen T.L.

357 Vgl. Firro 1999:205; Teitelbaum 1985:350.

358 Vgl. ebd.

359 Ebd.:353.

360 Vgl. ebd. Es entspricht durchaus der Realität, dass die Aussprache einzelner Buchstaben, besonders das Qāf, bei Drusen näher am klassischen Arabisch ist, als die von Muslimen oder Christen; vgl. auch ebd. Anm. 43. Dieses Phänomen trifft z.B. auch auf die Alawiten in Syrien zu.

361 Vgl. Joumblatt 1982:36.

362 Vgl. Teitelbaum 1985.

fadenscheinig:[363] „Among other vital differences, the Druzes do not believe in the Qur'an, and therefore cannot be considered Muslims. The mainstream of the Druze leadership do not consider the Druzes to be Muslims."[364] Teitelbaum ignoriert hier völlig, dass es zumindest seit dem Beginn des 20. Jahrhunderts immer drusische Intellektuelle gegeben hat, die sich selbst und die Drusen im Allgemeinen als Muslime innerhalb der *umma* betrachteten. Das DIC wäre demnach, was die Selbstwahrnehmung als Muslime betrifft, etwa in eine Tradition mit Šakīb Arslān zu stellen.[365] In Zusammenhang mit der Selbstwahrnehmung als Muslime steht auch die Forderung des DIC nach einer staatlichen Anerkennung von *ʿīd al-fiṭr*, dem Fest des Fastenbrechens nach dem *Ramadan*, als drusischen Feiertag. Obwohl die Drusen nicht während des *Ramadan* fasten, feiern sie doch in Israel traditionell sein Ende.[366]

Als Aspekt des Widerstandes gegen die Bemühungen des Staates Israel, den drusischen Partikularismus zu fördern, war auch die scharfe Kritik an der Begehung der Wallfahrt zum Schrein von Nabī Šuʿayb als politische Veranstaltung zu sehen. Das Ziel, diesen Zustand zu beenden, sollte durch das DIC schon zwei Jahre nach dessen Gründung erreicht werden.[367] Eine weitere Forderung im Zusammenhang mit dem Eintreten gegen den von Israel geförderten Partikularismus ist die Abschaffung des Schulfaches „Drusisches Erbe".[368] Dieses Schulfach wird als Instrument zur „Entarabisierung" der Drusen in Israel wahrgenommen.[369] Als Hauptbetätigungsfeld des DIC muss jedoch die Unterstützung von drusischen Wehrdienstverweigerern und Deser-

---

363 Vgl. ebd.:354.

364 Ebd.

365 Zu Šakīb Arslān vgl. Kapitel 4.1.3 dieser Arbeit.

366 Vgl. Teitelbaum 1985:356. Die Drusen in Syrien und dem Libanon feiern das Fastenbrechen nicht. Das Fest wird seit 1954 nicht mehr von Israel als drusischer Feiertag anerkannt, demselben Jahr, in dem die Wallfahrt zum Schrein von Nabī Šuʿaib zum offiziellen drusischen Feiertag wurde; vgl. Firro 2001:44.

367 Vgl. Firro 1999:205. Zu den Ereignissen bei der Wallfahrt 1974 vgl. S. 76f. dieser Arbeit.

368 Vgl. Hajjar 2000:326 Anm. 27.

369 Interview mit Salmān Naṭūr am 5. August 2011 in Haifa.

teuren sowie der Widerstand gegen Landenteignungen genannt werden. Das DIC solidarisierte sich außerdem publizistisch und durch Demonstrationen mit den Glaubensbrüdern auf dem Golan Anfang der 1980er Jahre.[370]

RAKAH unterstützte von Beginn an das DIC, besonders dadurch, dass das DIC eine Plattform für politische Mobilisierung in der kommunistischen Presse erhielt. 1972 wurden in Israel zwei drusische Zeitschriften gegründet, die sich beide als politisch unabhängig erklärten. Besonders al-Hudā, herausgegeben von Fāʾiz ʿAzzām, war offen für Drusen aus dem gesamten politischen Spektrum. Nach anfänglicher Skepsis fand das DIC auch hier eine nützliche Plattform.[371]

Das DIC übernahm nicht nur den politischen Diskurs von RAKAH, sondern auch ihre Taktik, Methoden und Organisationsformen. Lokale Sektionen wurden auf diese Weise in mehreren Dörfern aufgebaut.[372] Die Beziehung zu RAKAH bot stets auch den größten Angriffspunkt für Kritik, besonders von Seiten der integrationswilligen israelischen Drusen und jüdischen Israelis, so schreibt Teitelbaum von einer „corporate-clientelist relationship with RAKAH."[373] Es ist unbestritten, dass viele der Gründungsmitglieder des DIC RAKAH angehörten und die Partei das DIC in verschiedenster Form unterstützte, durch eine Plattform in der eigenen Presse, durch Unterstützungserklärungen oder Parlamentsarbeit.[374] Vor den Wahlen zur *Knesset* 1977 trat das DIC dem Bündnis HADASH (*Democratic Front for Peace and Equality*) bei, dem außerdem die israelischen *Black Panthers*,[375] RAKAH sowie andere kleinere Gruppierungen angehörten.[376] Ein weite-

---

370 Ebd. Ein Auftreten gegen den Libanonfeldzug wäre laut Naṭūr hingegen sehr schwierig gewesen, da viele junge Drusen im Libanon für die IDF kämpften.

371 Vgl. Firro 1999:206f. Al-Hudā existierte bis 1983, wobei Fāʾiz ʿAzzām selbst als Schulbuchautor an der Schaffung einer separaten drusischen Identität beteiligt war und als ein Vertreter dieses Standpunktes gilt; vgl. ebd.:207. Seine Sichtweise von den Drusen als separate Gruppe machte er auch im persönlichen Gespräch deutlich; Gespräch mit Fāʾiz ʿAzzām am 25. Juli 2009 in Haifa.

372 Vgl. Firro 1999:206. Zur Organisationsstruktur des DIC vgl. Teitelbaum 1985:350ff.

373 Teitelbaum 1985:350; vgl. weiters Firro 1999:207.

374 Vgl. Teitelbaum 1985:349f.

375 Eine Protestbewegung arabischstämmiger Juden in Israel.

376 Vgl. Teitelbaum 1985:348.

res Argument von Teitelbaum, um seine These der *corporate-clientelist relationship* zu belegen, ist, dass DIC-Mitglieder, besonders jene, die auch Mitglieder von RAKAH waren, „Belohnungen" von RAKAH erhielten. Diese „Belohnungen" waren z.B. Studienplätze in kommunistischen Ländern oder die Möglichkeit, nach Kuba zu einem Jugendkongress zu reisen. Teitelbaums Argumentation hat aber die Schwachstelle, dass er nicht bestimmen kann, ob diese „Belohnungen" aufgrund der Mitgliedschaft bei RAKAH oder dem DIC erfolgten. Er gibt keine Information darüber, ob man auch als DIC-Mitglied, ohne bei RAKAH gewesen zu sein, diese Privilegien nutzen konnte. Teitelbaum schreibt jedoch, dass besonders die Mitglieder von RAKAH diese Möglichkeiten gehabt hätten.[377]

Von Seiten des DIC wurde stets abgestritten, eine kommunistische Organisation zu sein, und die enge Beziehung zu RAKAH besonders damit begründet, dass sie die einzige Partei sei, die sich für ihre Forderungen einsetze. Scheich Farhūd verließ Mitte der 1980er Jahre das DIC und gab neben seinem Alter auch die wachsende kommunistische Dominanz als Grund an. Er wurde von Scheich Ǧamāl Muʿaddī, ebenfalls religiöser Würdenträger, ersetzt.[378] Der Vorwurf, dass das DIC von Anfang an lediglich eine Vorfeldorganisation der Kommunistischen Partei[379] war oder sich dazu entwickelt habe, kann also nicht als völlig unberechtigt zurückgewiesen werden. Wie die weitere Entwicklung zeigt, verlor das DIC deswegen auch viele Mitglieder, die vom Umgang der Kommunistischen Partei mit dem DIC entäuscht waren.[380]

Das DIC und die pro-palästinensische Gruppe von drusischen Intellektuellen repräsentierten keine Mehrheit unter den Drusen, wenn auch der Kreis von potentiellen Sympathisanten von den 1960er bis in die 1980er Jahren als erheblich angesehen wird, basierend auf den Schätzungen der drusischen RAKAH-Wähler. Diese pro-palästinensi-

---

377 Vgl. ebd.:352; Interview mit Salmān Naṭūr am 5. August 2011 in Haifa. Laut Naṭūr habe es seines Wissens keine Reisen auf Basis der DIC-Mitgliedschaft gegeben.

378 Vgl. Klein 2000:104; Teitelbaum 1985:351.

379 Seit 1989 heißt die Partei wieder MAKI.

380 Interview mit Salmān Naṭūr am 5. August 2011 in Haifa.

sche Tendenz ist besonders unter den drusischen Intellektuellen in Israel nach wie vor vorhanden. Der bekannteste Vertreter ist der Schriftsteller, Aktivist und Journalist Samīḥ al-Qāsim. Samīḥ al-Qāsim gilt neben Maḥmūd Dārwīš als der berühmteste Lyriker des palästinensischen Widerstandes.[381] Andere Beispiele wären der Autor Nabīh al-Qāsim,[382] der besonders als Schriftsteller bekannte Salmān Naṭūr sowie der Schriftsteller, langjährige Generalsekretär der Kommunistischen Partei und ehemalige HADASH-Kenessetabgeordnete (1990-1992)[383] Muḥammad Naffāʿ. Auf akademischer Ebene vertreten die Professoren Kais Firro [Qais Firū] von der Universität Haifa und Amal Jamal [Amal Ǧammāl] von der Universität Tel Aviv zum Teil inhaltlich Positionen dieser Gruppe.[384]

Politisch wird die pro-palästinensische Gruppe unter den israelischen Drusen derzeit prominent durch Saʿīd Naffāʿ vertreten, einem Rechtsanwalt und *Knesset*-Abgeordneten für die Partei BALAD (*National Democratic Assembly*). Saʿīd Naffāʿ war schon von Beginn an im DIC aktiv und bei der Gründung 1972 als Wehrdienstverweigerer im Gefängnis.[385] Er ist in Israel sehr bekannt, weil er nach Syrien reiste, obwohl sich das Land mit Israel im Kriegszustand befindet. Seine parlamentarische Immunität wurde ihm deswegen aberkannt, um eine

---

381 Für eine kurze Einordnung von Samīḥ al-Qāsim im drusischen Kontext vgl. Andary 1994:39ff.

382 Ein Cousin von Samīḥ al-Qāsim.

383 Vgl. *Knesset* o.J.b, online.

384 Firros Kritik an der israelischen Politik, etwa an der Förderung des drusischen Partikularismus und den kooptierten drusischen Eliten, ist in seinen Publikationen allgegenwärtig. Unter anderem weist er auch auf die Vernachlässigung der pro-palästinensischen Fraktion der Drusen in Israel in der israelischen Berichterstattung hin; vgl. z.B. Firro 1999; Firro 2001. Firro war als Betreuer von Teddy Katz an der Kontroverse um dessen Thesis beteiligt, wenn er sich auch nicht in der Öffentlichkeit exponierte wie Ilan Pappe. Amal Jamal leitete das Institut für Politikwissenschaft an der Universität Tel Aviv und beschäftigt sich besonders mit der palästinensischen Nationalbewegung. Er ist ein ausgesprochener Kritiker der israelischen Politik in den besetzten Gebieten und befürwortet z.B. einen Boykott von israelischen akademischen Institutionen jenseits der grünen Linie. Er sieht sich selbst als Araber und die Drusen kulturell und national als Araber, die erst durch die spezifisch israelischen Umstände aus dem arabischen Zusammenhang herausgerissen wurden; vgl. Segev 2006, online.

385 E-Mail von Saʿīd Naffāʿ am 15. Mai 2010.

Strafverfolgung zu ermöglichen.[386] Saʿīd Naffāʿ pflegt auch Kontakte zur libanesischen PSP und führte die israelische Delegation zu einer von Walīd Ǧunbulāṭ organisierten Konferenz in Amman 2001 an. Die Konferenz befasste sich mit dem verpflichtenden Dienst der israelischen Drusen in der IDF bzw. dessen Verweigerung.[387]

Saʿīd Naffāʿ verließ 1997 die Kommunistische Partei, der er 30 Jahre lang angehört hatte, und trat 1999, gemeinsam mit einer größeren Gruppe von Drusen, der arabisch-nationalistischen Partei BALAD bei.[388] 2001 wurde die *Liberal Arab Druze Convention* gegründet, die ähnliche Ziele wie das DIC verfolgt und Saʿīd Naffāʿ zu ihrem Vorsitzenden wählte. Naffāʿ selbst zufolge war diese Neugründung das Ergebnis einer Diskussion über den mangelnden Einfluss des DIC „on the ground".[389] Die meisten der Mitglieder der *Liberal Arab Druze Convention* waren zuvor im DIC aktiv gewesen, wobei viele schon Jahre zuvor das DIC verlassen hatten, vorwiegend aufgrund des starken Einflusses der Kommunistischen Partei in Entscheidungen und Angelegenheiten des DIC.[390] Es wird hier wieder deutlich, dass Teitelbaums Kritik am Verhältnis zwischen dem DIC und der Kommunistischen Partei offenbar nicht ganz unberechtigt gewesen ist. Wie an der personellen Kontinuität und der inhaltlichen Ausrichtung festzustellen ist, steht die *Liberal Arab Druze Convention* durchaus personell und ideologisch in der Tradition des DIC. Unterdessen hat Saʿīd Naffāʿ mehr Unterstützung innerhalb der Gemeinschaft als HADASH oder das DIC, das nur noch wenig aktiv ist. Die Unterstützung für Aḥmad Ṭībī

---

386 Vgl. Haaretz Editorial 2010, online. Naffāʿ wird vorgeworfen, in Syrien mit dem stellvertretenden Vorsitzenden des *Popular Front for the Liberation of Palestine-General Command* und dem Chef des Hamas-Politbüros in Syrien zusammengetroffen zu sein. Naffāʿ streitet diese Vorwürfe ab; vgl. ebd.

387 Vgl. Kashua 2004:14. Sofort beeilten sich diverse Vertreter der drusischen Gemeinschaft sich zum verpflichtenden Wehrdienst zu bekennen; exemplarisch vgl. Atashi 2001, online. Anfang 2010 kam es zu einem erneuten Treffen zwischen Saʿīd Naffāʿ und Walīd Ǧunbulāṭ auf Zypern, wo wieder der Dienst in der IDF eines der bestimmenden Themen war; vgl. Khoury 2009, online. Nach dem Treffen wurde Naffāʿ aus der Partei BALAD ausgeschlossen, da er die Parteiführung nicht informiert hatte.

388 Vgl. Stern/Khoury 2007, online.

389 E-Mail von Saʿīd Naffāʿ am 15. Mai 2010.

390 Ebd.

und seine Raʿam-Partei, die zur Zeit größte arabische Partei in Israel, ist unter Drusen sehr gering. Dieser Umstand dürfte auch mit der Teilnahme eines Teils der islamischen Bewegung an diesem Parteienbündnis zusammenhängen.[391]

Aus den Aktivitäten der beiden Scheichs Farhūd Farhūd und Ǧamāl Muʿaddī kann geschlossen werden, dass durchaus auch religiöse Würdenträger der pro-arabischen Fraktion angehören. Von Mitgliedern der *ʿuqqāl* wurde das *Druze Liaison Council* gegründet, mit dem Ziel, Kontakte zu den drusischen Gemeinschaften in Syrien und dem Libanon wiederherzustellen.[392] Auch Saʿīd Naffāʿs kontroverser Besuch in Syrien fand im Rahmen einer Pilgerfahrt statt, wo er von religiösen Würdenträgern begleitet wurde.[393]

Eine pro-arabische bzw. pro-palästinensische Tendenz ist unter den Drusen in Israel auf jeden Fall vorhanden, wenn sie auch in den 1970er und 1980er Jahren mehr Anhänger hatte als in der Gegenwart. Zu keiner Zeit waren diese Kräfte allerdings in der Mehrheit. Nimmt man die Ergebnisse der Wahl zur *Knesset*, also die Entscheidung für eine nicht-zionistische Partei, als Indikator für die Mobilisierung der pro-arabischen Fraktion, so zeigt sich, dass 2009 weder BALAD (mit Saʿīd Naffāʿ) noch HADASH in einem Dorf mit mehrheitlich drusischer Bevölkerung stärkste Partei werden konnten. Die pro-arabische Fraktion unter den israelischen Drusen kann demnach momentan nur sehr begrenzt Wähler mobilisieren.[394]

---

391 Interview mit Fāʾiz ʿAzzām am 4. August 2011 in ʿIsfiyā; Interview mit Salmān Naṭūr am 5. August 2011 in Haifa.

392 Vgl. Kashua 2004:18.

393 Vgl. Haaretz Editorial 2010, online.

394 In Bait Ǧan, der Heimat der Familie Naffāʿ, das durch Landenteignungen seit Jahren besonders betroffen ist, konnte mit 21% der abgegebenen Stimmen für BALAD noch das beste Ergebnis erzielt werden. Trotzdem wurde hier die von Ariel Sharon gegründete Zentrumspartei *Kadima* (Majalli Whbee, der drusische Kandidat von *Kadima* stammt ebenfalls aus Bait Ǧan) mit 24% der abgegebenen Stimmen stärkste Partei; vgl. Knesset, online (hebr.). Für die freundliche Hilfe bei der Übersetzung bin ich Stefan Hoffmann zu Dank verpflichtet. – Selbst unter Umständen, die eigentlich förderlich für antizionistische Parteien sein sollten, konnte BALAD nicht zur stärksten Partei werden, wie die Tabelle auf S. 114f zeigt. Zur Problematik der Landenteignungen in Bait Ǧan vgl. Yiftachel/Segal 1998.

3.9 Die Drusen in Israel.
Bewertung der derzeitigen Situation und Ausblick

3.9.1 Die gegenwärtige Situation verglichen mit anderen Bevölkerungsgruppen

Selbst von Vertretern der pro-arabischen Fraktion der drusischen Intellektuellen wird eingeräumt, dass die überwiegende Mehrheit der Drusen in Israel sich zu einer israelisch-drusischen Identität bekennt. Die Rate der Rekrutierungen für die IDF ist bei den Drusen höher als unter Juden und *invented traditions*, wie Firro z.B. die Einführung der Pilgerfahrt zum Schrein von Nabī Šuʿaib als offiziellen drusischen Feiertag bezeichnet, wurden übernommen. Durch die Förderung des drusischen Partikularismus seitens des Staates auf allen Ebenen (spezifisch drusische Schulbildung, formale Anerkennung der drusischen Nationalität, *invented traditions* usw.), aber ganz besonders durch die Wehrpflicht, fühlen sich die Drusen tatsächlich mehrheitlich nicht als Araber oder zumindest als „anders". Diese Andersartigkeit wird durchaus von beiden Seiten wahrgenommen.[395] Kurzum, trotz entgegengerichteter Aktivitäten oppositioneller Gruppen in der Tradition des DIC können die Bestrebungen, die Drusen von Christen und Muslimen zu separieren, als erfolgreich angesehen werden.

Für diese Einschätzung spricht auch, dass es immer wieder zu tätlichen Auseinandersetzungen zwischen Drusen und besonders Christen kommt.[396] Selbst wenn diese Zusammenstöße als Auseinandersetzungen zwischen jugendlichen Randalierern ohne einen politischen Hintergrund abgetan werden,[397] zeigt sich doch hier das Konfliktpotential. Ein Grund für derartige Konflikte ist mit Sicherheit, dass im

---

395 Vgl. Hajjar 2000:307f.

396 Drusen leben in gemischten Dörfern bevorzugt mit Christen zusammen. Zu derartigen Auseinandersetzungen kam es in der jüngeren Vergangenheit z.B. im Februar 2003 in ar-Rāma, im Februar 2005 in Mġār und im Juni 2009 in Šafā ʿAmr.

397 Interview mit Zeidan Atashi am 24. Juli 2009 in ʿIsfiyā. Die Ausschreitungen scheinen zumindest in Mġār sehr ernst gewesen zu sein und wurden vom Polizeikommandanten des nördlichen Distrikts als Pogrom an der christlichen Bevölkerung bezeichnet; vgl. Khoury 2005, online.

Vergleich mit den Christen das Bildungsniveau der Drusen und die ökonomischen Perspektiven deutlich geringer sind.[398]

In den späten 1960er Jahren forderten die Drusen erstmals in Israel die Gleichstellung mit der jüdischen Mehrheit. Bis heute argumentiert die drusische Seite mit der Loyalität dem Staat Israel gegenüber, die sich besonders am Dienst an der Waffe zeige. Man „verdiene" sich also die Gleichbehandlung. In vielen Bereichen kann aber von einer Gleichstellung von Drusen und Juden bis heute keine Rede sein. Noch immer gibt es Landenteignungen und erhebliche Diskriminierungen von staatlicher Seite. Drusen erheben z.B. den Vorwurf, dass sie prinzipiell keine Baubewilligungen erteilt bekommen, womit sie von jeglicher staatlicher Förderung ausgeschlossen wären. Außerdem würden drusische Dörfer gegenüber jüdischen Dörfern stark benachteiligt, was die Verteilung von staatlichen Ressourcen betrifft.[399] Bei Landenteignungen durch staatliche Stellen verloren die Drusen in Israel einen Großteil ihres Landbesitzes und damit auch die Möglichkeit, von der Landwirtschaft zu leben.[400] Vor diesem Hintergrund kommt es immer wieder zu teilweise gewaltsamen Auseinandersetzungen mit der Staatsgewalt.[401] Unter den Drusen ist auf jeden Fall eine große Frustration über die eigene Situation vorhanden, wobei die Meinung vorherrscht, aufgrund der Loyalität dem Staat gegenüber „etwas Besseres" zu verdienen.[402] Die Frustration innerhalb der drusischen Gemeinschaft in Israel entlädt sich mitunter gewaltsam nicht nur gegen-

---

398 In ar-Rāma betrug z.B. laut *Haaretz* die Rate der Schulabbrecher unter Christen 25%, aber unter Drusen 70%; vgl. Ash 2003, online.

399 Interview mit Zeidan Atashi am 24. Juli 2009 in ʿIsfiyā. Atashi befürchtet, dass der Staat so auch später leichter Ansprüche auf den Grund stellen kann. Laut Atashi gibt es seit einigen Jahren einen Pakt innerhalb der Gemeinschaft, Grund nur noch an Drusen zu verkaufen.

400 Vgl. Firro 1999:141. Firro errechnet den Anteil von Land (im örtlichen Flächenmaß *dūnam*) pro Einwohner für jedes von Drusen bewohnte Dorf für 1950 und 1995. Am größten ist der Unterschied im Dorf Bait Ǧan mit 29,4 *dūnam* per capita 1950 und 0,76 *dūnam* 1995. Am vergleichsweise geringsten ist der Unterschied in Kufr Yāsīf mit 4,7 *dūnam* 1950 und 0,68 *dūnam* 1995. Durchschnittlich betrug der Landbesitz *per capita* in von Drusen bewohnten Dörfern 1950 19,6 *dūnam* und 0,8 *dūnam* 1995; vgl. ebd.

401 Vgl. z.B. Ettinger 2003, online.

402 Vgl. exemplarisch Asad 2009, online; Halibi 2010, online.

über den christlichen Nachbarn, sondern auch gegenüber staatlichen Symbolen oder Vertretern. In beiden Fällen werden Drusen in Israel in der Regel aber nicht juristisch belangt, zumindest hier zeigt sich doch ein gewisser Sonderstatus.

Ein drastisches Beispiel dafür, wie wenig sich der Status der Drusen von dem der Christen und Muslimen in Israel unterscheidet, waren die Ereignisse, die sich im Herbst 2007 im Dorf Buqaiʿa (hebr. Pekiʿin) zugetragen haben. Dort gibt es, im Unterschied zu den anderen drusischen Dörfern, aus historischen Gründen auch das Interesse von jüdischen Siedlern, sich niederzulassen.[403] Im Oktober 2007 führte die Zerstörung einer Mobilfunkantenne durch drusische Einwohner von Buqaiʿa/Pekiʿin zu Auseinandersetzungen mit der lokalen Polizei. Die israelische Polizei rückte mit einem großen Aufgebot in das Dorf ein, um laut eigenen Angaben Verdächtige festzunehmen und die acht im Dorf lebenden jüdischen Familien zu beschützen. Bei diesem Einsatz wurden von den Sicherheitskräften Schusswaffen verwendet und bis zu 40 Personen verletzt. Von den drusischen Bewohnern wurde andererseits eine Polizistin unter nicht völlig geklärten Umständen festgehalten und gleichzeitig mit drusischen Verdächtigen freigelassen.[404] Eine parlamentarische Untersuchung über das Verhalten der Polizei führte zu keinen konkreten Ergebnissen, wie etwa Entlassungen von einzelnen Beamten.[405]

Auf dem israelischen Arbeitsmarkt sind überproportional viele Drusen im sicherheitsrelevanten Bereich angestellt, dieser umfasst IDF, Grenzpolizei, reguläre Polizei und das Gefängnispersonal. Firro zufolge sind 40–42% der männlichen berufstätigen Drusen in Israel im sicherheitsrelevanten Sektor tätig, wobei davon 35% ohne Erfolg ver-

---

403 Es mutet ironisch an, dass eine der treibenden Personen hinter den Aktivitäten in Buqaiʿa/Pekiʿin, Rabbi Aviv Ziegelman, ein enger Verbündeter von Moshe Feiglin ist, bekannt als Repräsentant des rechten Randes innerhalb des *Likud*. Moshe Feiglin ist aber auch ein Verbündeter des drusischen Knessetabgeordneten und stellvertretenden Ministers Ayoob Kara, der sich z.B. besonders für die jüdischen Siedler in Hebron engagiert; vgl. Galili/Khoury 2007, online.

404 Vgl. Khoury 2007, online. Dieser Artikel stellt den Standpunkt der drusischen Dorfbewohner wie auch den der Polizei dar. Zur Sichtweise der betroffenen Juden in und um Buqaiʿa/Pekiʿin vgl. z.B. Ben Simon 2007, online.

405 Interview mit Zeidan Atashi am 24. Juli 2009 in ʿIsfiyā.

sucht hätten, in einem anderen Sektor Arbeit zu finden.[406] Prinzipiell konkurrieren ansonsten Drusen mit Christen und Muslimen um die selben Arbeitsplätze. Drusen haben aber einen Wettbewerbsnachteil, da Christen und Muslime sich weiterbilden können, während die Drusen ihren Wehrdienst ableisten müssen. So ist auch zu erklären, dass das Bildungsniveau der Drusen unter dem von Christen und Muslimen liegt. Viele Drusen nehmen aber eine Anstellung im sicherheitsrelevanten Sektor, in dem niedrigere Bildungsstandards vorausgesetzt werden, als einzige Möglichkeit einer finanziellen Absicherung wahr.[407] Hier muss auch bedacht werden, dass die Landwirtschaft, von der die Drusen traditionell vor der Staatsgründung gelebt haben, durch die Enteignungen als Lebensgrundlage obsolet geworden ist. Es ist nicht überraschend, dass auch die wirtschaftliche Situation zur allgemeinen Frustration innerhalb der drusischen Gemeinschaft in Israel beiträgt.

3.9.2 Drusen im politischen System Israels

In das politische System Israels sind die Drusen auf den ersten Blick recht gut integriert. Neben der traditionellen Bindung zur Arbeiterpartei und zum *Histadrut*, dem zionistischen Gewerkschaftsbund, finden sich unterdessen Drusen in vielen Parteien. In die 18. *Knesset* sind 2009 vier drusische Abgeordnete eingezogen. Zwei weitere Drusen rückten durch das Ausscheiden anderer Abgeordneter im Laufe der Legislaturperiode nach. Damit sind, gemessen am Anteil an der Gesamtbevölkerung, die Drusen überrepräsentiert. In die *Knesset* gewählt wurden drusische Abgeordnete von *Kadima* (Majalli Whbee [Maǧalī Wahaba]), *Likud* (Ayoob Kara [Aiyūb Qarā]), *Israel Beitenau* (Ḥamad ʿAmār) sowie BALAD (Saʿīd Naffāʿ). Hier wird deutlich, dass die drusischen Eliten nahezu im ganzen Parteienspektrum Israels vertreten sind.[408]

---

406 Vgl. Firro 1999:246. Firro kombiniert seine eigenen empirischen Untersuchungen mit denen von Yūsuf Ḥasan.

407 Vgl. ebd.:245ff.

408 Kleinere Gruppen von israelischen Drusen stehen traditionell auch jüdisch-religiösen Parteien wie der sephardisch-orthodoxen *Shas* nahe.

Tabelle: Die Knesset-Wahl 2009 in mehrheitlich drusischen Dörfern[1]

Lokalität	Golan-drusen gesamt[2]	'Ain al-Asad	Bait Ǧan	Buqai'a/ Peki'in	Dāliyat al-Karmal-'Isfiyā	Ǧūlis	Ḥurfaiš	Kisrā-Sumai'
Wahlberechtigte	809	517	6 620	3 487	17 253	3 574	3 404	4 026
Wahlbeteiligung[3]	29,30%	45,45%	71,15%	62,49%	44,83%	52,49%	68,30%	67,86%
Arbeiterpartei	7,73%	26,61%	14,28%	27,44%	29,70%	20,62%	57,84%	30,95%
Kadima	7,30%	9,44%	24,43%	7,01%	20,16%	32,17%	11,91%	6,47%
Yisrael Beitenu	45,49%	18,88%	14,92%	25,07%	5,86%	13,00%	7,69%	17,52%
LIKUD	6,01%	30,90%	9,90%	2,51	15,81%	19,12%	10,30%	3,57%
Shas	30,47%	0,00%	9,09%	2,92%	7,17%	3,81%	2,30%	7,48%
Andere jüdisch-zionistische Parteien	2,58%	2,15%	4,53%	1,62%	6,00%	3,60%	6,82%	27,64%
Jüdisch-zionistische Parteien gesamt	99,57%	87,98%	77,15%	66,57%	84,69%	92,32%	96,87%	93,64%
BALAD	0,00%	10,73%	20,76%	11,28%	9,63%	6,87%	2,09%	3,76%
HADASH	0,00%	0,86%	2,01%	21,91%	4,82%	0,64%	0,87%	2,31%
Ra'am-Ta'al	0,00%	0,00%	0,04%	0,09%	0,64%	0,05%	0,13%	0,26%
Arabische u. arab.-jüdische Parteien gesamt[4]	0,43%	12,02%	22,85%	33,43%	15,29%	7,68%	3,13%	6,36%

1 Wenn nicht anders angegeben, basierend auf dem Dataset no. 0625 *Election Results oft he 18th Knesset 2009* des *Social Sciences Data Center* der Hebräischen Universität auf zwei Kommastellen gerundet. Berücksichtigt wurden nur Dörfer, in denen Drusen über 50% der Bevölkerung ausmachen.

2 Nur die Minderheit mit israelischer Staatsbürgerschaft ist wahlberechtigt. Wegen der geringen Anzahl der Wähler wurden die jew. Dörfer zu einer Kategorie zusammengefasst.

Keiner dieser Kandidaten wurde aber in erster Linie von Drusen gewählt, wie etwa bei der Arbeiterpartei, die einen Listenplatz für ihren drusischen Kandidaten reserviert hatte. Aufgrund der Verluste der Arbeiterpartei wurde der drusische Kandidat aber nicht in die 18. *Knesset* gewählt. Da keiner dieser Kandidaten aber mehrheitlich von Drusen

Lokalität	Mġār	Sāġūr	Yānūḥ-Ġat	Yarkā	Drusen gesamt	Araber gesamt[5]	Gesamt-ergebnis[6]
Wahlberechtigte	11 868	2 237	3 344	7 742	64 881	611 278	5 278 985
Wahlbeteiligung[3]	36,78%	56,86%	60,50%	66,86%	53,74%	53,40%	63,90%
Arbeiterpartei	19,85%	27,76%	24,42%	16,79%	25,28%	4,60%	9,93%
Kadima	12,35%	15,70%	21,62%	7,61%	15,89%	3,70%	22,47%
Yisrael Beitenu	7,31%	20,94%	14,71%	20,90%	13,54%	2,20%	11,70%
LIKUD	7,90%	18,87%	25,68%	8,87%	11,74%	2,10%	21,61%
Shas	3,83%	9,28%	4,50%	26,55%	9,16%	2,00%	8,49%
Andere jüdisch-zionistische Parteien	5,48%	0,79%	4,00%	5,25%	6,61%	3,30%	16,54%
Jüdisch-zionistische Parteien gesamt	56,73%	93,34%	94,94%	85,97%	82,22%	17,90%	90,74%
BALAD	7,10%	6,42%	2,70%	3,83%	8,39%	22,30%	2,48%
HADASH	23,92%	0,24%	2,30%	9,92%	7,56%	27,50%	3,32%
Ra'am-Ta'al	12,02%	0,00%	0,00%	0,12%	1,69%	32,10%	3,38%
Arabische u. arab.-jüdische Parteien gesamt[4]	43,27%	6,66%	5,01%	14,03%	17,77%	82,10%	9,26%

3 Jeweils inkl. ungültiger Stimmen.

4 Jeweils inkl. der Kleinstpartei Da'am.

5 Vgl. Rudnitzky/Lavie 2009:17; im Original auf eine Kommastelle gerundet. Nicht berücksichtigt wurden arabische Wähler in gemischt jüdisch-arabischen Städten. Beinhaltet sind hier auch Drusen und Tscherkessen.

6 Vgl. Knesset 2009, online.

gewählt worden ist, wird ihnen oft vorgeworfen, der drusischen Gemeinschaft wenig verpflichtet zu sein und Parteiinteressen über die Interessen der Gemeinschaft zu stellen.[409]

---

409 Interview mit Zeidan Atashi am 24 Juli 2009 in 'Isfiyā; Interview mit Shakeeb Salih am 24. Juli 2009 in Mġār. Šakīb Šnān, der 2009 mit der Arbeiterpartei ein Man-

Drusen gibt es ansonsten in höheren politischen Funktionen in Israel, die sich aber bei genauerer Betrachtung meistens als relativ bedeutungslos erweisen. So wurde schon in den 1970er Jahren Ǧabr Muʿaddī zum stellvertretenden Minister ernannt und Ṣāliḥ Ṭarīf war Minister ohne Geschäftsbereich in der Regierung Sharon von 2001 bis 2002. Majalli Whbee, ein enger Vertrauter von Ariel Sharon und stellvertretender Außenminister 2007–2009, war sogar 2007 für wenige Tage geschäftsführender Staatspräsident von Israel. Alle diese Positionen haben jedoch gemeinsam, dass sie über kein eigenes Budget verfügen und somit der Rahmen der politischen Gestaltungsmöglichkeiten recht begrenzt bleibt.[410]

Im Staatsdienst sind Drusen mit Ausnahme des Schulwesens und des sicherheitsrelevanten Sektors kaum repräsentiert. Einigen wenigen gelang es dennoch, in relativ prestigeträchtige Positionen z.B. im diplomatischen Korps oder innerhalb des Büros des Staatspräsidenten aufzusteigen.[411] Zu nennen wäre außerdem der Journalist Rafīq Ḥalabī, der verschiedene leitende Positionen im israelischen Fernsehen innegehabt hat.

Wie setzt sich die Elite der drusischen Gemeinschaft in Israel heute zusammen? In den 1980er und 1990er Jahren traten die Protagonisten, welche die drusisch-jüdischen Beziehungen seit der Staatsgründung geprägt hatten, langsam ab. Sie waren nicht direkt in das Parteiensystem eingebunden gewesen und befassten sich kaum mit nationalen Themen. Stattdessen beschäftigten sich diese Führungspersönlichkeiten eher mit individuellen Problemen innerhalb der Gemeinschaft,

---

dat knapp verpasst hatte, rückte 2012 in die *Knesset* nach. Der andere „Nachrücker" ist Akram Ḥasūn (*Kadima*).

410 Interview mit Zeidan Atashi am 24 Juli 2009 in ʿIsfiyā.

411 Z.B. Bahīǧ Manṣūr, ehemaliger Botschafter in Angola und momentan Leiter der Abteilung für inter-religiöse Angelegenheiten im israelischen Außenministerium; Raḍā Manṣūr, der auch als Schriftsteller bekannt ist, war bereits Botschafter in Ecuador und ist Generalkonsul in Atlanta; Walīd Manṣūr, der Israel als Botschafter in Vietnam und Peru vertreten hat; sowie Naʿīm ʿArīḍī, Botschafter in Norwegen. Kamāl Manṣūr ist längjähriger Berater des Staatspräsidenten für Minderheitenangelegenheiten. Die Häufung von Mitgliedern der Familie Manṣūr in prestigeträchtigen Positionen ist offensichtlich.

ohne allerdings für die Drusen nationale Lösungen anzustreben. An
die Stelle dieser traditionellen Führungspersönlichkeiten traten meistens ehemalige Offiziere mit akademischer Ausbildung, die überwiegend Befürworter einer Integration der Drusen in den israelischen
Staat sind. Im Gegensatz zur traditionellen Elite sind diese Führungspersönlichkeiten im Parteiensystem integriert.

Ideologisch lassen die drusischen Eliten in Israel in vier Gruppen
unterteilen. Es handelt sich dabei keineswegs um homogene Gruppen,
Mischformen sind durchaus möglich. Tendenziell lässt sich folgende
Einteilung treffen:

1. Diese Gruppierung hat die partikularistische, von Israel geförderte
   drusische Identität angenommen. Die Vertreter dieser Gruppierung sehen sich in erster Linie als Drusen, nicht als Araber. Man
   bekennt sich zur Loyalität dem Staat Israel gegenüber, die besonders in der Wehrpflicht zum Ausdruck kommt. Kritik an der israelischen Politik gegenüber der eigenen Gemeinschaft bleibt stets
   „systemloyal". Was den israelisch-palästinensischen Friedensprozess betrifft, steht diese Gruppierung eher den „Tauben" nahe,
   welche eine Formel „Land gegen Frieden" propagieren. Parteipolitisch besteht in erster Linie eine Nähe zur Arbeiterpartei (und dem
   Histadrut) und mit Abstufungen zur *Kadima* (Majalli Whbee hat
   für Ariel Sharons Abzugsplan aus Gaza bei den drusischen *Likud*-
   Mitgliedern Stimmung gemacht) und sogar evtl. vor deren Existenz zum *Likud* (der ehemalige *Knesset*-Abgeordnete Asʿad Asʿad
   könnte evtl. zu dieser Gruppierung gezählt werden).

2. Diese Gruppierung unterscheidet sich von der ersten besonders
   durch die Frage der drusischen Identität. Der Gegensatz besteht
   darin, dass kein Widerspruch gesehen wird, Druse, Israeli und
   gleichzeitig Araber zu sein. Die Definition von Israel als jüdischen
   Staat sieht man teilweise kritisch, wenn sie auch nicht offen in
   Frage gestellt wird. Parteipolitisch ist man ebenfalls im Zentrum
   verortet. Beispiele wären Zeidan Atashi oder der Journalist Rafīq
   Ḥalabī.[412]

---

412 Vgl. Atashi 1997; Halabi 1982:3.

3. Teile der Eliten bekennen sich voll und ganz zum Zionismus und gründeten zionistische Organisation wie den *Druze Zionist Circle*. Diese Organisation hat z.B. für drusische Soldaten vergeblich die Erlaubnis gefordert, in den besetzten Gebieten siedeln zu dürfen.[413] Der *Knesset*-Abgeordnete Ayoob Kara von *Likud* pflegt auch Kontakte zu christlichen Zionisten aus den USA oder europäischen Rechtspopulisten und gilt innerhalb des *Likud* als ein Exponent des rechten Flügels.[414] Was den Friedensprozess betrifft, ist diese Tendenz den „Falken" nahe, die die Formel „Land für Frieden" ablehnen. Parteipolitisch besteht eine Nähe zum *Likud* und in den letzten Jahren auch zu *Israel Beitenau*.

4. Die vierte Gruppierung ist die pro-palästinensische bzw. pro-arabische Fraktion in der Tradition des DIC, die sich selbst als Araber, Muslime und Palästinenser sehen. Parteipolisch unterstützen sie die Parteien HADASH und BALAD und lehnen die Definition von Israel als jüdischen Staat ab. In Hinblick auf den Friedensprozess übernimmt man die Positionen der palästinensischen Führung.

Innerhalb dieser Gruppen kann es durchaus zu nahezu unüberwindbaren Gegensätzen kommen, wobei diese Konflikte leicht den Charakter von Streitigkeiten zwischen Clans annehmen, was jeglicher effektiven Organisation der Gemeinschaft im Weg steht. Besonders die erste Gruppe ist stark fragmentiert. Die Errichtung einer demokratisch legitimierten Vertretung der Gemeinschaft nach außen wird so sehr schwierig, wobei staatliche Institutionen ihr Bestes tun, um den *status quo* zu bewahren. Scheich Amīn Ṭarīf starb 1993 im hohen Alter und hatte bereits Jahre zuvor testamentarisch seinen Enkel Muwaffaq Ṭarīf als Nachfolger bestimmt. Eine Gruppe von drusischen Führungspersönlichkeiten unter Führung von Asʿad Asʿad, damals ein *Knesset*-Abgeordneter für den *Likud*, versuchten diese Erbfolge zu verhindern

---

413 Vgl. Hajjar 2000:326, Anm. 34.

414 Vgl. Liphshiz 2008, online. Ayoob Kara besuchte in Europa u.a. Geert Wilders (*Vlaams Belang*, Belgien) und Heinz Christian Strache (Freiheitliche Partei Österreichs, FPÖ). In Wien nahm Kara am 23. Dezember 2010 an einem Symposium der FPÖ zum Thema Islam teil und vertrat höchst islamophobe Positionen; eigene Beobachtung.

und eine demokratische Legitimierung der Nachfolge einzuführen. Diese Bemühungen scheiterten aber an der Arbeiterpartei und der Familie Ṭarīf, wobei damals Ṣāliḥ Ṭarīf, ein Sohn von Scheich Amīn, in der *Knesset* saß.[415]

Die israelische Politik, gemeinsam mit Teilen der drusischen Eliten und besonders der Familie Ṭarīf eine Organisation der Gemeinschaft zu verhindern, setzt sich bis in die jüngste Vergangenheit fort. Im Juli 2009 z.B. gründete Zeidan Atashi ein *Druze Board of Trustees*, einen überparteilichen Dachverband, der drusische Interessen in Israel vertreten sollte. Wieder wurde die Gründung der Organisation von offizieller israelischer Seite und aus dem Umfeld von Scheich Muwaffaq Ṭarīf torpediert.[416] Die Familie Ṭarīf hat zwar seit dem Tod von Scheich Amīn erheblich an Einfluss verloren, hält aber noch immer eine starke Machtposition in verschiedenen Bereichen. Besonders wichtig ist, dass die Familie unkontrolliert über die staatlichen Subventionen für die religiöse Führung verfügt sowie über den *waqf* von Nabī Šuʿaib, der allerdings von den Drusen selbst finanziert wird. Scheich Muwaffaq wird von der eigenen Gemeinschaft oft nicht die Statur seines Großvaters zugebilligt und er wird als Werkzeug der staatlichen Interessen beschrieben. Die Familie Ṭarīf hat auf jeden Fall ein Interesse daran, ihre privilegierte Position aufrechtzuerhalten und versucht deswegen, möglichst eng mit den staatlichen Stellen zu kooperieren.[417] Den Drusen in Israel fehlt eine anerkannte politische Führung oder zumindest eine Integrationsfigur. Derzeit herrscht ein hoher Grad an politischer Fragmentierung, der trotz momentaner Überrepräsentation in der *Knesset* die Durchsetzung von drusischen Interessen erschwert.

---

415 Vgl. Dana 2003:80ff; Firro 2005:237f; Melman 2001, online; Schenk 2002:417ff. Neben Asʿad Asʿad waren Zeidan Atashi und Fāḍil Manṣūr (der erste drusisch-israelische Universitätsprofessor) erklärte Gegner der Ernennung von Scheich Muwaffaq Ṭarīf.

416 Interview mit Zeidan Atashi am 24. Juli 2009 in ʿIsfiyā. Während des Interviews wurde ich selbst Zeuge eines telefonischen Interventionsversuchs aus dem Umfeld der Familie Ṭarīf.

417 Ebd.; Interview mit Shakeeb Salih am 24. Juli 2009 in Mġār; vgl. Schenk 2002:417ff. Zum Ansehen des Scheichs in der eigenen Gemeinschaft vgl. außerdem Klein 2001:67 sowie Melman 2001, online.

3.9.3 Eine drusische Perspektive in Israel?

Wie sieht die Perspektive der Drusen in Israel aus? Wie geht man mit der Tatsache um, als nicht-jüdische Minderheit in einem jüdischen Staat zu leben? Kann es bei der Forderung nach Gleichberechtigung mit den jüdischen Bürgern Israels zu einem „Schulterschluss" mit Christen und Muslimen kommen? Das Verhältnis zum Staat wird sich vermutlich in naher Zukunft nicht ändern und weiter von einem Streben der Eliten nach „Integration" gezeichnet sein, was gleichzeitig einen „Schulterschluss" mit Christen und Muslimen unwahrscheinlich macht, abgesehen von Persönlichkeiten wie z.B. Saʿīd Naffāʿ. Durch die Fragmentierung und Kooptierung der Eliten wird es auch weiterhin sehr schwer werden, Druck auf die jeweilige Regierung auszuüben, um die Situation der Drusen nachhaltig zu verbessern oder Missstände zu beseitigen.

Zeidan Atashi beschreibt das pragmatische Verhältnis der Mehrheit der Drusen in Israel zum Staat wie folgt:

We belong here to the land. If Israel is here we are Israelis. If (the) Palestinians will reoccupy, (which may) god forbid, this country, we will become Palestinians, because we belong to the land.[418]

---

418 Interview mit Zeidan Atashi am 24. Juli 2009 in ʿIsfiyā, Ergänzungen durch den Verfasser TL.

4 DIE DRUSEN IM LIBANON

4.1 Die Drusen im Libanon unter dem französischen Mandat

4.1.1 Errichtung und Struktur der Mandatsherrschaft

Mit dem Beginn des Ersten Weltkriegs wurde die selbstständige Verwaltung des Libanongebirges, die *mutaṣarrifīya*, von den Osmanen aufgehoben und durch eine Militärverwaltung ersetzt. Nach der Niederlage der Osmanen marschierten die Truppen von Emir Faiṣal am 30. September 1918 in Damaskus ein und dehnten den haschemitischen Herrschaftsbereich auch noch bis nach Beirut aus. Allerdings landeten französische Truppen schon im Oktober in Beirut und setzten Faiṣals Regierung dort ein rasches Ende. 1920 schlugen die Franzosen Faiṣals Truppen vernichtend und teilten das kurzlebige syrische Königreich in verschiedene kleinere Einheiten auf – der Libanon sollte eine davon sein.[419]

Die Etablierung eines libanesischen Staates, der größer als die *mutaṣarrifīya* sein sollte, wurde seit der Wende vom 19. auf das 20. Jahrhundert von maronitischen Kreisen gefordert. Die französische Mandatsmacht entsprach diesem Wunsch. Am 1. September 1920, kaum zwei Monate nach der Flucht Faiṣals aus Damaskus, wurde der *État de Grand Liban* (Staat Großlibanon) ausgerufen. Die Hauptstadt Beirut hatte ebenso wenig zur *mutaṣarrifīya* gehört wie die Städte Tripoli, Sidon, Tyre mit ihrem Hinterland. Diese Städte mit Hinterland waren von Beirut aus verwaltet worden. Die Biqāʿ-Ebene, die ebenfalls von nun an libanesisch war, wurde bisher von Damaskus aus verwaltet.[420] Mit Rāšaiā und Ḥāṣbaiā kamen zwar zwei Bezirke mit einem starken

---

419 Vgl. Salibi 1988:32f.
420 Vgl. ebd.:25f.

Anteil von Drusen an der Bevölkerung zum neuen Staat, in Relation zur Gesamtbevölkerung, besonders zu den Sunniten aus den Küstenstädten, verloren die Drusen aber dramatisch an Einfluss.

Die Drusen, wie auch die Muslime und viele nicht-maronitische Christen, standen der Idee eines libanesischen Staates ablehnend gegenüber. Für die Drusen des Gebirges war der Großlibanon eine maronitische Idee. Die drusischen Eliten waren überzeugt, dass dieser Staat, egal wie groß, immer maronitisch dominiert seien würde.[421] Während Muslime von außerhalb des Libanongebirges das Konzept des Großlibanon generell abgelehnten, waren die Drusen, Kamal Salibi zufolge, aber trotzdem zugänglicher für einen Großlibanon in der Tradition von Faḫr ad-Dīn. Für Sunniten und Schiiten stellte dieses historische Emirat ebenfalls keinen Höhepunkt der eigenen Geschichte dar.[422]

Der *Grand Liban* wurde administrativ in vier Provinzen gegliedert:

- in den Nordlibanon mit dem administrativen Zentrum Zġartā;
- in das Libanongebirge mit dem administrativen Zentrum Baʿbdā;
- in den Südlibanon mit dem administrativen Zentrum Sidon;
- in die Biqāʿ mit dem administrativen Zentrum Zaḥla;
- sowie in Beirut und Tripoli als unabhängige Verwaltungseinheiten.

Außer Sidon waren alle administrativen Zentren christliche Städte, was als Zeichen für eine christliche Vormachtstellung gewertet werden kann. Für die Drusen war die Tatsache weitaus schlimmer, dass in den insgesamt über 20 Bezirken der vier Provinzen nur eine einzige hohe Position der drusischen Gemeinschaft vorbehalten war: Gouverneur des Bezirks aš-Šūf. Um diese eine einflussreiche Position konkurrierten die führenden Familien bis zum Ende des Mandats.[423] Die Grenzen der Provinzen und Bezirke waren so gezogen, dass es keine drusischen Mehrheiten gab. Nur im Bezirk von ʿĀlaih konnten sie, dem Zensus von 1932 zufolge, die Hälfte der Bewohner stellen. In den Bezirken aš-Šūf, Rāšaiā und Ḥāṣbaiā machten sie rund ein Drittel der Bevölkerung

---

421 Vgl. Firro 2003:75.
422 Vgl. Salibi 1988:165.
423 Vgl. Firro 2003:75.

aus und in Baʿbdā überhaupt nur ein Fünftel. Es fehlte unter diesen Voraussetzungen an einer geographischen Basis, um für eine regionale Autonomie einzutreten.[424] Die Reorganisation der Verwaltung im neuen Staat betraf die Drusen mehr als andere Konfessionen.

Viele libanesische Drusen, die der ersten Generation mit einer modernen Bildung angehörten, konnten sich mit dem Prinzip des arabischen Nationalismus identifizieren. Einige waren von Beginn an in der arabisch-nationalistischen Bewegung engagiert. Manche von diesen Drusen schlossen sich Faiṣal an und waren in Damaskus in seinem Umfeld politisch tätig. Von diesen Drusen aus der Umgebung Faiṣals folgten ihm später manche nach Bagdad, wo er König wurde, oder gingen mit seinem Bruder ʿAbdallāh nach Amman. Andere, die nicht ins Exil gingen, blieben im Libanon politisch aktiv.[425] Nach dem Ersten Weltkrieg erwarteten viele drusische Führer, dass Faiṣals arabische Regierung in Damaskus eine Hilfe sein könnte, das Kräfteverhältnis im Libanongebirge zu ihren Gunsten, d.h. zu Ungunsten der Maroniten zu verändern.[426] Die Unterstützung oder Sympathie für Emir Faiṣal unter den libanesischen Drusen wurzelte demnach nicht allein im arabischen Nationalismus, sondern vielmehr auch in der Hoffnung, die politische Situation der Drusen im Gebirge mit Hilfe des Emirs entscheidend zu verändern.

Nach Beginn des Ersten Weltkriegs 1914 verschlechterte sich die wirtschaftliche Situation im Libanongebirge aus verschiedenen Gründen. Mit Kriegsbeginn brachen die Haupteinnahmequellen der Bevölkerung weg: die Seidenproduktion und die Geldüberweisungen aus dem Ausland. 1917/1918 brach eine Hungersnot in großen Teilen der

---

424 Vgl. Betts 1988:91.

425 Vgl. ebd.:50; Firro 2003:75. Der libanesische Druse Rašīd Ṭalīʿ (1876-1926), ein arabischer Nationalist und ehemaliger osmanischer Beamter, wurde z.B. 1919 von Emir Faiṣal in Damaskus als Innenminister seiner kurzlebigen arabischen Regierung eingesetzt. 1921 folgte er Emir ʿAbdallāh nach Transjordanien und wurde zum Premierminister ernannt. Dort sammelte er einige seiner Glaubensbrüder, die, wie z.B. ʿĀdil Arslān, Gegner der französischen Mandatsherrschaft waren. Diese Gruppe unterstützte auch die Drusen im Ḥaurān während ihrer Revolte 1925; vgl. Firro 2009:131. Zur Familie Arslān während der Mandatsherrschaft vgl. Seite 129ff. dieser Arbeit.

426 Vgl. Firro 2003:75.

Bevölkerung aus, die dadurch verschlimmert wurde, dass Lieferungen aus dem Ḥaurān entweder von osmanischen Truppen beschlagnahmt oder von offiziellen Stellen veruntreut wurden. Vor diesem Hintergrund müssen auch die zunehmenden Umtriebe von bewaffneten Banden gesehen werden.[427] Die Bandenaktivitäten unter Christen und Drusen in der Biqāʿ-Ebene und im Šūf in den Jahren 1920–1921 waren, aus Sicht der französischen Mandatsmacht, eine ernsthafte Gefahr für Sicherheit und Stabilität.[428] Die Aktivitäten der Banden im Šūf und der Biqāʿ hatten zudem einen sektiererischen Charakter.[429]

Bis 1926 wurde der Libanon offiziell durch einen französischen Hochkommissar regiert. Als Konsultativorgan schufen die Franzosen zunächst ein neues *Representative Council*, das das *Administrative Council*, das seit 1861 existiert hatte, ersetzte. Das *Representative Council* wurde 1926 zum offiziellen libanesischen Parlament, wobei die Repräsentation der Drusen auf zwei Delegierte von insgesamt 30 Abgeordneten beschränkt blieb.[430] Der Libanon wurde so offiziell zur konstitutionellen Republik.[431] Die drusische Gemeinschaft war während des Mandats also auch in parlamentarischer Hinsicht marginalisiert.[432]

Der konfessionelle Proporz wurde in der Verfassung festgeschrieben und folglich auch die Marginalisierung der Drusen als politische Kraft. Die Drusen waren in der Reihenfolge der Konfessionen, was politischen Einfluss entsprechend der Bevölkerungsanteile angeht, vom zweiten Platz hinter den Maroniten in der *mutaṣarrifīya* nun im *Grand*

---

427 Vgl. ebd.:72f.

428 Fuʾād Ǧunbulāṭ wurde als Führer der Ǧunbulāṭ-Fraktion von den Franzosen 1920 als Gouverneur des Bezirkes aš-Šūf eingesetzt, eine Position, die seit 1861 meistens in den Händen der Familie Arslān gewesen war. Er wurde 1921 durch Mitglieder der Bande von Ḥasan Ṯābit ermordet. Firro folgert etwas spekulativ, dass der Mord auch ein Versehen hätte sein können, und geht nicht auf die genauen Hintergründe ein; vgl. Firro 2003:73.

429 Vgl. Firro 2003:73f.

430 Vgl. ebd.:75. Die 30 Mitglieder des *Representative Council* gliederten sich nach dem konfessionellen Proporz wie folgt: zehn Maroniten, sechs Sunniten, vier Griechisch-Orthodoxe, zwei Drusen und ein Griechisch-Katholischer. Im *Adminstrative Council* hatten die Drusen 1920–1922 nur über einen vom Hochkommissar ernannten Vertreter verfügt; vgl. Schenk 2002:96.

431 Vgl. Salibi 1965:165.

432 Vgl. Schenk 2002:96.

Liban auf den fünften Rang zurückgefallen. Die neue Machtreihenfolge sah die Maroniten, Sunniten, Griechisch-Orthodoxen und Schiiten vor den Drusen.

Da die Vertreter der Mandatsmacht die Politik des *Grand Liban* kontrollierten, wurden die meisten hohen Positionen von Mitgliedern der christlichen, meist maronitischen Elite besetzt. Das brachte sie in die Lage, das politische System des neuen Staates zu ihren Gunsten zu beeinflussen.[433] Die Franzosen machten zwar Charles Debbas [Dabbās], einen Griechisch-Orthodoxen, zum ersten Präsidenten und einen Sunniten zum Parlamentspräsidenten, die Maroniten sicherten sich aber alle anderen Schlüsselpositionen und in weiterer Folge auch die Präsidentschaft. Diese Dominanz der Maroniten war nur möglich geworden, weil die sunnitischen Eliten großteils den neuen Staat als Ganzes boykottierten. Für die sunnitischen Eliten, besonders in Beirut, war eine politische Identität außerhalb von Syrien bedeutungslos. Dieser Boykott begann im Laufe der Mandatszeit zu bröckeln, da die Maroniten von den Franzosen gedrängt wurden, Macht an die Sunniten abzugeben.[434]

Wichtig war die französische Mandatsherrschaft hinsichtlich des rechtlichen Status der drusischen Gemeinschaft. Zunächst wurde der Status, der sich unter der osmanischen Herrschaft entwickelt hatte, belassen. Die libanesischen Drusen legten seit dem 19. Jahrhundert das Personenstandsrecht traditionell selbst aus und waren demnach rechtlich unabhängig von der sunnitischen Gerichtsbarkeit. Dieser Zustand wurde 1908 durch die religiöse (sunnitische) islamische Führung in Konstantinopel legalisiert. In der Verfassung von 1926 wurden alle libanesischen Religionsgemeinschaften als juristische Personen anerkannt und ihnen das Recht auf eine eigene Personenstandsgesetzgebung, die Repräsentation durch ein religiöses Oberhaupt und Selbstverwaltung zugesprochen.[435] 1936 wurden die Drusen dann von der Mandatsverwaltung explizit als eigene Religionsgemeinschaft anerkannt. 1938 folgte die Anerkennung der drusischen Gerichte von

---

433 Vgl. Firro 2003:76.
434 Vgl. Salibi 1988:34;165.
435 Vgl. Schenk 2002:97f.

staatlicher Seite, wobei die drusischen *qāḍī* den *qāḍī* anderer Konfessionen im Libanon gleichgestellt waren.[436]

Die drusischen Eliten im Libanon waren während der Mandatszeit überwiegend darauf bedacht, über ihren eigenen Status bzw. um die Vergabe von Posten zu verhandeln. Das Auftreten von neuen politischen Mitbewerbern von außerhalb des Libanongebirges schwächte nun die Verhandlungsposition der Drusen. Dieser politische Bedeutungsverlust, zusätzlich zu den akuten ökonomischen Problemen, bedeutete einen weiteren Niedergang der Gemeinschaft.[437] Die drusischen Eliten im Libanon kooperierten größtenteils mit der Mandatsmacht, wohl auch wegen der Schwäche der eigenen Position. Die Drusen im Libanongebirge, anders als z.B. die Drusen in der Gegend von Rāšaiā, beteiligten sich auch nicht am Aufstand der syrischen Drusen unter Sulṭān al-Aṭraš ab 1925 gegen die französische Mandatsmacht. Prominente libanesische Drusen versuchten ganz im Gegenteil zwischen den syrischen Drusen und den Franzosen zu vermitteln.[438]

Für die Drusen war die Mandatszeit geprägt von politischer Marginalisierung und einem Bedeutungsverlust der Gemeinschaft, während neben den Maroniten die Sunniten zur bedeutenden Kraft des Libanon wurden.

4.1.2 Das Ende der Mandatsherrschaft 1940–1946 und die Haltung der drusischen Eliten

1940 begann sich vor dem Hintergrund des Zweiten Weltkrieges ein Ende der französischen Mandatsherrschaft abzuzeichnen. Nach der Niederlage Frankreichs gegen das nationalsozialistische Deutschland im Juni 1940 wurde am 16. Dezember General Henri Dentz, ein treuer Gefolgsmann des mit den Nationalsozialisten kollaborierenden Vichy-Regimes, als Hochkommissar eingesetzt. Im Jänner 1941 kam es aufgrund der Nahrungsmittelknappheit zu ersten Demonstrationen in Sy-

---

436 Vgl. Dana 2003:85ff. Laut Judith Harik erfolgte die Anerkennung durch den Staat erst 1948; vgl. Harik 1994:464.

437 Vgl. Firro 2003:76.

438 Vgl. Firro 1992:294.

126

rien und Aleppo, die sich im März auf Tripoli, Beirut und Sidon ausweiteten. General Dentz versuchte diese Proteste ohne Erfolg mit Gewalt niederzuschlagen. Als Konsequenz zwang er den libanesischen Präsidenten Emilé Eddé und seine Administration zum Rücktritt. Der neuen, von Dentz eingesetzten Regierung gehörte kein Druse an.[439]

Im März 1940 bereitete sich die britische Armee bereits darauf vor, im französischen Mandatsgebiet zu intervenieren, um einer Besetzung durch deutsche Truppen zuvor zu kommen. Als ersten Schritt verhängte das britische Hauptquartier in Kairo am 1. März eine totale wirtschaftliche Blockade über Syrien und den Libanon. Ende März 1940 litten bereits Teile der syrischen und libanesischen Stadtbevölkerung unter der Knappheit von Nahrungsmitteln.[440]

Im Zuge der Proteste gegen die französische Politik kam es zur Kooperation zwischen zwei wichtigen politischen Bewegungen: der sunnitischen *Naǧāda* und der maronitisch dominierten *Kitā'ib* oder *Phalange Libanaises*.[441] Zusätzlich kam es aus Anlass der Nahrungsmittelknappheit zur Bildung eines gemeinsamen Komitees von christlichen und muslimischen Studenten, das ein gemeinsames nationales Bewusstsein einforderte.[442] In diesem politischen Klima verstärkten wieder die politischen Kräfte ihre Aktivitäten, welche einen säkularen arabischen oder syrischen Nationalismus propagierten.

Antun Saddeh gründete bereits in den frühen 1930er Jahren die *Parti Populaire Syrien* (PPS). Die säkulare pan-syrische Ideologie war auch für viele Drusen attraktiv.[443] Dazu kam nun die *League of National Action* (LNA), die einen nicht-konfessionellen Panarabismus propagierte und von einem drusischen Intellektuellen, ʿAlī Naṣir ad-Dīn, angeführt wurde.[444] Beide Bewegungen konkurrierten um drusische Unterstützung im Libanongebirge.

---

439 Vgl. Firro 2003:178.

440 Vgl. ebd.

441 Hier wird der eingedeutschte Ausdruck Falange bzw. Falangisten verwendet.

442 Vgl. Firro 2003.178f.

443 Vgl. Salibi 1988:54.

444 Vgl. Firro 2003.179. Zu ʿAlī Naṣir ad-Dīn und der LNA vgl. Firro 2009:139.

Im Šūf-Gebirge drohte unterdessen die Gefahr, dass die Nahrungsmittelknappheit zu konfessionellen Auseinandersetzungen zwischen Drusen und Christen führen könnte. Die französischen Berichte sprechen von wachsender anti-französischer Agitation unter den Drusen, sowie von ihrer Frustration, nicht in der Regierung vertreten zu sein. Diese Berichte beruhten auf christlichen Informanten und fielen dementsprechend einseitig aus. Dennoch: Anti-französische Agitation war unter den Drusen sehr wohl anzutreffen. Schon seit den 1920er Jahren hatte sich unter den drusischen Eliten und Intellektuellen große Verärgerung und erheblicher Missmut darüber aufgestaut, keine bedeutende politische Rolle im *Grand Liban* zu spielen.[445]

Wie verhielten sich die Familien Ǧunbulāṭ und Arslān während dieser Periode? Die Familie Ǧunbulāṭ hatte traditionell gute Beziehungen zur Großmacht Großbritannien, unterstützte aber ab 1920 die französische Mandatsmacht. Für diese Einschätzung spricht auch die Tatsache, dass Pierre Brat, *délégue-adjoint* des Hochkommissars zum libanesischen Staat, in einem Bericht von 1940 die Ǧunbulāṭs unter die Frankophilen einordnet. Vor dem Mandat wurde die ǦunbulāṭFraktion von zwei Familienmitgliedern geführt: durch Fu'ād, den Ehemann von Naẓīra, und 'Alī, den Vater von Ḥikmat. Nach der Ermordung von Fu'ād Ǧunbulāṭ 1921 übernahm seine Witwe Naẓīra, die Mutter von Kamāl Ǧunbulāṭ, die Führung der Fraktion. Ḥikmat repräsentierte hingegen die Ǧunbulāṭ-Fraktion in verschiedenen libanesischen Regierungen. Obwohl es in der drusischen Geschichte mehrere Beispiele für Frauen in politischen Führungspositionen gibt, musste Naẓīra ihre Aktivitäten traditionell auf die lokale Ebene begrenzen.[446] Warum Naẓīra und nicht Ḥikmat die Fraktion führte, darüber gibt die einschlägige Literatur keine Auskunft.[447] Kais Firro führt diesbezüglich lediglich aus:

---

445 Vgl. Firro 2003:179f.

446 Vgl. ebd.:180f. Für einige historische Beispiele von drusischen Frauen in politischen Führungspositionen vgl. Betts 188:44.

447 Nach der Ermordung Fu'ād Ǧunbulāṭs wurde 'Alī Ǧunbulāṭ von den Franzosen zum Nachfolger als Gouverneur des Bezirks aš-Šūf bestimmt, zugleich übernahm er die Führung der Fraktion. Nach dem Tod von 'Alī Ǧunbulāṭ ging die Führung der Fraktion offiziell auf seinen Sohn Ḥikmat über; vgl. Schenk 1994:60, Anm. 7.

„Mme. Nazira herself apparently was preventing her son and Hikmat from leading the Jumblatt fraction."[448]

In dem eben erwähnten Bericht von Brat wird die Arslān-Familie als aus französischer Sicht problematischer eingestuft, besonders wegen der zwei Familienmitglieder Šakīb und ʿĀdil.[449] Šakīb Arslān verbrachte den Großteil der Mandatsperiode in Europa und propagierte von dort aus, in über 30 Büchern und Artikeln, eine Mischung aus Islamismus und Nationalismus. Er vertrat dabei auch klar artikuliert die islamische Identität des Drusentums. Trotz seines Exils übte er einen starken Einfluss auf drusische Eliten und Intellektuelle aus.[450] Sein Bruder ʿĀdil vertrat ähnliche Ideen. Er hatte am syrischen Aufstand gegen die Franzosen 1925/1926 teilgenommen und kehrte 1939 aus dem Ausland in den Libanon zurück. 1946 wurde ʿĀdil Arslān Minister in der ersten unabhängigen syrischen Regierung.[451] Maǧīd Arslān (1908–1983) wurde ab den späten 1930er Jahren zum aktivsten politischen Führer der Arslāns.[452] Dem Bericht von Brat zufolge war die Arslān-Familie wegen der politisch aktiven Anführer in ihren Reihen die mächtigste Familie unter den libanesischen Drusen. Trotzdem konnte Naẓīra Ǧunbulāṭ einen starken Einfluss im südlichen Šūf bewahren.[453]

4.1.3 Exkurs: Šakīb Arslān (1869–1946)

Hier soll kurz auf Šakīb Arslān eingegangen werden, der zwar fast die gesamte Mandatszeit im Exil verbracht hat, aber dennoch einen großen Einfluss auf die drusischen Eliten und Intellektuellen ausübte.

---

448 Firro 2003:180.

449 Vgl. ebd.:181.

450 Vgl. Firro 1997:94f.

451 Vgl. Cleveland 1985:5.

452 Vgl. Firro 2003:181. Die Arslān-Familie hatte zu Beginn der 1940er Jahre sechs Emire. Das waren neben Šakīb und ʿĀdil: Sāmī, der nicht politisch aktiv war; Taufīq, der darauf bedacht war, seinen Posten in der Administration zu behalten und die Karriere seines Sohnes Maǧīd (später langjähriger libanesischer Verteidigungsminister und Anführer der Yazbakī-Fraktion) zu fördern; Amīn, der Onkel von Taufīq, ein arabischer Nationalist, sowie Amīn Muṣṭafā, der ebenfalls arabisch-nationalistisch aktiv war; vgl. ebd.

453 Vgl. ebd.

Šakīb Arslān wurde in eine privilegierte Familie geboren. Die Familie Arslān war eine von sechs drusischen Familien mit Großgrundbesitz im Libanongebirge und ihre Mitglieder trugen als einzige drusische Familie den Titel Emir. Sein Vater Maḥmud war vor dem Ersten Weltkrieg Gouverneur des Bezirks aš-Šūf gewesen.[454] Die Mutter war eine Sunnitin und hatte möglicherweise einen starken Einfluss auf seine späteren Ideen einer Integration der Drusen in die *umma* (Gemeinschaft der Muslime) gehabt.[455]

Šakīb Arslān war in verschiedenen politischen Funktionen im Osmanischen Reich tätig, u.a. war er Abgeordneter im osmanischen Parament für den Ḥaurān.[456] Zu seinen intellektuellen Einflüssen gehörten Vertreter der islamischen Reformbewegung *salafīya* wie Ǧamāl ad-Dīn al-Afġānī und Muḥammad ʿAbduh. In seiner publizistischen Tätigkeit[457] unterstützte er zunehmend den Panislamismus und auch die Institution des Osmanischen Reiches als gemeinsamen islamischen Staat.[458] Seine Einstellung zum Osmanischen Reich konnte auch durch die Machtübernahme der Jungtürken nicht erschüttert werden.[459] Ebenfalls noch vor dem Ersten Weltkrieg entwickelte Šakīb Arslān eine starke Abneigung gegen den Kolonialismus und Interventionalismus der europäischen Großmächte. Nach dem Ersten Weltkrieg musste er die französischen Mandatsgebiete verlassen und ging ins Exil. Mit dem Zusammenbruch des Osmanischen Reiches und der Errichtung der Mandatsherrschaft hatte er schlagartig alle politischen Funktionen verloren. Šakīb Arslān fand aber schnell einen neuen Rahmen für seine politischen Aktivitäten und wurde zum Vertreter des Sy-

---

454 Vgl. ebd.

455 Vgl. ebd.:123f.

456 Vgl. Firro 2009:124;127; Cleveland 1985:29. Auch seine Brüder ʿĀdil und Nasīb (ebenfalls Journalist, gest. 1927; vgl. ebd.:5) waren Abgeordnete des osmanischen Parlaments; vgl. ebd.:29.

457 Cleveland stellt diesbezüglich folgendes fest: „...there is no question that Arslan's polemical essays reached a far wider audience than his poetry, and that he was, from the 1880s to the early 1940s, one of the Arab world's most prolific journalists"; Cleveland 1985:12, Auslassungen durch den Verfasser TL.

458 Vgl. Andary 1994:25f. Zum Einfluss der *salafīya* vgl. ausführlicher Cleveland 1985:8ff. Bzgl. Osmanisches Reich und Islam vgl. ebd.:12.

459 Vgl. Firro 2009:125.

risch-Palästinensischen Kongresses beim Völkerbund ernannt. Obwohl der Kongress sich im Laufe der 1920er Jahre wieder auflöste, konnte er durch seine Position wie auch durch seine ausgeprägte Reisetätigkeit an Prestige gewinnen.[460]

Šakīb Arslān war kein besonders religiöser Politiker, seine intellektuelle Tätigkeit galt mehr der Politik als theologischen oder philosophischen Themen.[461] So konzentrierte er sich nicht auf eine spirituelle Erneuerung des Islam wie sein Mentor ʿAbduh.[462] Der Islam war für ihn weniger als spirituelles Muster denn als politisches System wichtig.[463] Daher unterstützten er und sein Bruder ʿĀdil auch die Idee einer pan-arabischen Konföderation mit einem haschemitischen König an der Spitze,[464] was ihn nicht daran hinderte, gute Beziehungen zu Ibn Saʿūd zu pflegen und die Staatsbürgerschaft des Königreichs *Ḥiǧāz* (des Vorgängers von Saudi-Arabien) anzunehmen.[465]

Der von Šakīb Arslān vertretene Nationalismus stand für eine jüngere Generation wohl zu nahe am Pan-Islamismus, um viel Unterstützung zu bekommen, wie sich bei seiner Reise nach Syrien 1937 zeigte.[466] Wie erfolgreich er sich als Vertreter von sunnitisch-islamischen Interessen etablieren konnte, zeigt die Tatsache, dass er in der Literatur teilweise als Sunnit bezeichnet wird. Sein vehementes Eintreten

---

460 Vgl. Cleveland 1985:40; 60; Andary 1994:26.

461 Ein großer Unterschied zu Kamāl Ǧunbulāṭ, der seine Tochter Mai geheiratet hat. Kamāl Ǧunbulāṭ hat sich, auch publizistisch, eingehend mit theologischen und philosophischen Themen beschäftigt. Mit Kamāl Ǧunbulāṭs Schriften hat sich ausführlich Bernadette Schenk auseinandergesetzt; vgl. Schenk 1994.

462 Vgl. Andary 1994:26.

463 Vgl. ebd.:29.

464 Vgl. Firro 2003:182.

465 Vgl. Cleveland 1985:65. Die libanesische Staatsbürgerschaft wurde ihm wegen einer versäumten Frist von französischer Seite verwehrt; vgl. ebd. Ibn Saʿūd bot Arslān an, in seine Dienste zu treten, was er aber nicht annahm; vgl. ebd.:73. Ein anderer libanesischer Druse namens Fuʾād Ḥamza stieg zu einem der wichtigsten außenpolitischen Berater von Ibn Saʿūd auf, eine Funktion, die er 25 Jahre lang bekleidete; vgl. McLoughlin 2005.

466 Vgl. Andary 1994:27; Cleveland 1985:87. Eine Rede in Aleppo, von der Cleveland Arslān mit „He who is not a Muslim cannot be a patriot" zitiert, hatte zu großer Aufregung geführt; ebd.

für sunnitisch-islamische Interessen brachte ihm aber durchaus auch Kritik aus der eigenen Gemeinschaft ein.[467]

Von den ersten Wochen seines Exils 1918 bis kurz vor seinem Tod hielt er sich immer wieder in Berlin auf, einem Ort, der auch deshalb attraktiv war, weil Deutschland keine offen imperialistischen Ambitionen in der Region verfolgte.[468] Mit dem deutschen Außenministerium pflegte er bereits seit dem Ersten Weltkrieg gute Kontakte.[469] Im Zweiten Weltkrieg unterstützte er, z.B. in einem Brief an den Mufti von Jerusalem, Amīn al-Ḥusainī, ausdrücklich die Achsenmächte. Mit dem Mufti, der im Berliner Exil eng mit den Nationalsozialisten kooperierte, stand er in einem regen Briefwechsel.[470] Für Šakīb Arslāns intensive Zusammenarbeit mit dem nationalsozialistischen Deutschland spricht auch die Tatsache, dass seine Zeitschrift *La Nation arabe* während des Zweiten Weltkriegs in Kooperation mit dem deutschen Außenministerium erschien. Die Herausgeber lassen vermuten, dass sich Arslān hier als Propagandist der Nationalsozialisten betätigte.[471] Der hauptsächliche Beweggrund Arslāns für die Zusammenarbeit mit den Achsenmächten war wohl, dass er in ihnen die Feinde seiner Feinde sah, der europäischen Kolonialmächte.[472] Die Reputation von Šakīb Arslān litt stark unter seiner Unterstützung der Achsenmächte, und so hatte er nach der Niederlage des nationalsozialistischen Deutschlands nur noch wenige Anhänger.[473] Emir Šakīb Arslān starb 1946, nur einen Monat nach seiner Rückkehr in den Libanon.[474]

Šakīb Arslān gehörte, gemeinsam mit seinem Bruder ʿĀdil, zu den ersten modernen drusischen Intellektuellen. Es gelang ihm, zu einem internationalen Vertreter der pan-arabischen und der pan-islamischen

---

467 Vgl. ebd.:49.

468 Vgl. ebd.:62f.

469 Vgl. ebd.:139.

470 Martin Kramer, der die Korrespondenz ausgewertet hat, attestiert Arslān einen „elderly Mentor's influence over the Mufti"; Kramer 2009:109.

471 Vgl. ebd.:109f. Die betreffenden Exemplare befinden sich laut Kramer nicht in den Archiven.

472 Vgl. Cleveland 1985:143.

473 Vgl. ebd.:162

474 Vgl. Andary 1994:27.

Bewegung zu werden. Arslān hat sich hierbei so stark an den sunnitischen Islam angenähert, dass er von manchen Autoren als sunnitischer Moslem und nicht als Druse wahrgenommen wird.[475] In mehreren Schriften vertrat er ausdrücklich die Auffassung von der islamischen Identität des Drusentums, womit er eine Tradition von drusischen Intellektuellen begründete.[476]

4.1.4 Der Weg in die libanesische Unabhängigkeit

Die Familie Arslān war als mächtigste Familie der libanesischen Drusen großteils stark anti-französisch eingestellt und hatte Vertreter der arabisch-nationalistischen Sache in ihren Reihen. Um ʿĀdil Arslān bildete sich nach der französischen Niederlage eine arabisch-nationalistische Gruppe, von der laut Firro sich kein Mitglied öffentlich darüber geäußert hat, welche Seite sie im Zweiten Weltkrieg unterstützten. Diese Aussage steht dann allerdings im Widerspruch zu dem erwähnten Verhalten von Šakīb Arslān, von dem man den Eindruck hat, dass Firro ihn, zumindest als intellektuelle Kraft im Exil, durchaus auch als Teil dieser Gruppe ansieht. [477]

Die Nahrungsmittelknappheit, zusammen mit der Tatsache, dass die Drusen in der durch den neuen Hochkommissar Dentz eingesetzten Regierung nicht repräsentiert waren, vereinigte die drusischen Fraktionen in ihren Protesten gegen die neue Regierung.[478] Mağīd Arslān versuchte vergeblich diese Proteste zu nutzen, um selbst einen Ministerposten zu erhalten. Um für alle Drusen und nicht nur für die eigene Yazbakī-Fraktion zu sprechen, versuchte ʿĀdil Arslān erfolglos, Ḥikmat Ğunbulāṭ zur Teilnahme an einer Delegation nach Beirut zu überreden. Um die drusischen Aktivitäten auch nicht als Gefahr für die Maroniten erscheinen zu lassen, besuchte ʿĀdil Arslān den maro-

---

475 Vgl. ebd.:27ff.

476 Vgl. Firro 1997:95. Für Beispiele von Arslāns Einfluss vgl. ebd.

477 Vgl. Firro 2003:182.

478 Vgl. ebd.:183. Zuvor hatte Ende 1940 die Konkurrenz zwischen PPS und LNP um drusische Mitglieder Firro zufolge „all the features of the classical Junblat-Yazbak divide"; ebd.

nitischen Patriarchen. Bemerkenswerterweise teilte er dem Patriarchen mit, dass er bereit sei, den Libanon als unabhängigen Staat mit besonderen Beziehungen zu Syrien anzuerkennen. Im Laufe des April 1941 kam es zu immer gewalttätigeren Auseinandersetzungen von Drusen mit Vertretern der Mandatsmacht, aber auch mit Christen.[479]

Ab Ende Mai 1941 galt die größte Aufmerksamkeit der drusischen Eliten im Libanon, aber auch in Syrien, der Frage, auf welche Seite man sich im Zweiten Weltkrieg stellen sollte. Diese Entscheidung war dringlich, stand doch die Invasion des französischen Mandatsgebietes durch britische und freifranzösische Truppen unmittelbar bevor. Bemühungen, eine gemeinsame Linie zu finden, führten zu keinem Erfolg, wobei Teile der Arslāns und der PPS offen mit dem nationalsozialistischen Deutschland sympathisierten.[480]

Im Juni/Juli 1941 marschierten britische und freifranzösische Verbände aus Palästina kommend im Libanon und in Syrien ein, womit sie das Vichy-Regime dort beendeten. Unter britischem Druck wurde am 26. November 1941 die Unabhängigkeit des Libanon proklamiert, jedoch wurde von den Franzosen deren Inkrafttreten hinausgezögert. In den Wahlen 1943 wurden erneut die Kräfte gestärkt, die eine sofortige Unabhängigkeit des Libanon forderten.[481] Frankreich weigerte sich aber noch immer, den Libanon in die Unabhängigkeit zu entlassen. Schließlich wurden die libanesische Verfassung von der Nationalversammlung unilateral geändert und die Passagen zum Status als Mandatsgebiet entfernt. Daraufhin ließ die Mandatsregierung Präsident Bechara Khoury [Bišāra al-Ḥūrī], Premierminister Rīāḍ as-Sulḥ und andere Kabinettsmitglieder von senegalesischen und französischen Truppen verhaften.[482] Erst ein gemeinsamer Aufstand von libanesischen und arabischen Nationalisten sowie politische Einflussnahme von Seiten des Vereinigten Königreiches und der USA veranlassten Frankreich, sein ehemaliges Mandatsgebiet endgültig aufzugeben.[483]

---

479 Vgl. ebd.:184f.
480 Vgl. ebd.:186.
481 Vgl. Hanf 1990:98.
482 Vgl. Salibi 1965:189.
483 Vgl. Salibi 1988:183ff.

Yusri Hazran zufolge wird von drusischer Seite beklagt, dass die eigene Rolle bei diesen Ereignissen in der libanesischen Öffentlichkeit nicht den Tatsachen entsprechend angemessen dargestellt würde. Während der Präsident, der Premierminister sowie einige Kabinettsmitglieder sich bereits in französischer Haft befanden, hätten drusische Gefolgsleute von Maǧīd Arslān weitere Kabinettsmitglieder vor dem Zugriff des französischen Militärs geschützt.[484] Immerhin scheint Maǧīd Arslān durch seinen Beitrag im Kampf gegen die französische Fremdherrschaft während der Krise 1943 einiges an Prestige gewonnen zu haben; so schreibt Bernadette Schenk, dass er „wegen seiner Verdienste im libanesischen Widerstand gegen die Franzosen als ‚Held der Unabhängigkeit' gefeiert" wurde.[485]

Die einvernehmliche Grundlage, auf die sich die Zusammenarbeit der – verschiedenen Konfessionen angehörenden – Befürworter der Unabhängigkeit stützte, war ein ungeschriebenes *Gentlemen's Agreement,* der *Nationalpakt.* Dieser Pakt besteht aus verschiedenen Verzichts- und Garantieerklärungen, einem Kompromiss über die Identität des Landes und aus einer Anleitung zur Teilung der Macht zwischen den einzelnen Konfessionen nach dem Zensus von 1932.[486] Die Christen verzichteten darauf, den Schutz westlicher Mächte zu suchen, während die Muslime ihrerseits auf eine Angliederung an Syrien oder ein pan-arabisches Projekt verzichteten. Als Zugeständnis an die Muslime und die arabisch-nationalistischen Kräfte wurde der arabische Charakter des Libanon festgeschrieben. Der Libanon sollte ein unabhängiger Staat in einer arabischen Welt sein. Was die Aufteilung der Macht zwischen den Konfessionen betraf, konnten die Maroniten durch den Nationalpakt den Zugang zur höchsten politischen Macht bewahren: Sie erhielten das Präsidentenamt (durch das Parlament gewählt und mit dem Recht, den Premierminister zu entlassen), das Direktorat für öffentliche Sicherheit und den Posten des Armeechefs. Die Sunniten bekamen dafür das Amt des Premierministers, während die übrigen Kabinettsposten, die Parlamentssitze und der administrati-

---

484 Vgl. Hazran 2009:468.
485 Vgl. Schenk 2002:102.
486 Vgl. Hanf 1990:99f.

ve Bereich nach Konfessionen aufgeteilt wurden. Im Parlament wurden die Sitze nach dem Schlüssel je sechs Christen zu je fünf Muslimen aufgeteilt. Wobei in diesem Schlüssel bis in die Gegenwart zu den Muslimen auch die Drusen gerechnet werden. 1947 wurde der Nationalpakt dahingehend ergänzt, dass der Parlamentspräsident zwingend ein Schiit sein muss.[487]

Im neuen unabhängigen libanesischen Staat hatte sich somit die Situation der Drusen nicht grundlegend verändert. Sie blieben weiterhin von den höchsten Staatsämtern ausgeschlossen und verharrten in der Reihenfolge der Konfessionen an fünfter Stelle. Dennoch erhielten die Drusen zwischen der Unabhängigkeit 1943 und dem Ausbruch des Libanesischen Bürgerkrieges[488] 1975 mit dem Verteidigungsministerium (fast) ununterbrochen ein Schlüsselressort. Der Posten des Verteidigungsministers wurde in dieser Periode überwiegend von Maǧīd Arslān bekleidet.[489]

4.2 Kamāl Ǧunbulāṭ als dominanter drusischer und bedeutender libanesischer Politiker zwischen Unabhängigkeit und Bürgerkrieg

4.2.1 Die ersten Jahre nach der Unabhängigkeit

Kamāl Ǧunbulāṭ übernahm 1943 mit dem Tod von Ḥikmat Ǧunbulāṭ im Alter von 26 Jahren von seiner Mutter die Führung der Ǧunbulāṭ-Fraktion. Er war zuvor nicht politisch tätig gewesen und hatte in Paris und Beirut studiert.[490] Bei den Wahlen 1943 trat er als Teil des „Nationalen Blocks" von Emilé Eddé an, der eine sehr frankophile Politik verfolgte und gegen die vollständige Unabhängigkeit von Frank-

---

487 Vgl. Salibi 1988:185f; Hanf 1990:99f.

488 Der Bürgerkrieg ab 1975 wird in der Folge als „Libanesischer Bürgerkrieg" bezeichnet, der Bürgerkrieg 1958 als „Libanesischer Bürgerkrieg 1958".

489 Vgl. Schenk 2002:101, Anm. 283.

490 Vgl. al-Khazen 1988:179. Wie Schenk anmerkt, gibt bis heute keine vollständige wissenschaftliche Biographie über Kamāl Ǧunbulāṭ. Zu erwähnen ist der Artikel von al-Khazen, der sich besonders mit seiner Rolle als Führer der Linken beschäftigt, sowie die Studie von Bernadette Schenk über Ǧunbulāṭs Reden und Schriften; vgl. al-Khazen 1988; Schenk 1994.

reich eintrat.[491] Obwohl er den „Nationalen Block" schon drei Jahre später wieder verließ,[492] ist doch festzuhalten, dass Kamāl Ǧunbulāṭ zwar von der Unabhängigkeit an politisch tätig war, seine politische Karriere aber als Teil einer Gruppierung begann, die gegen den Abzug der französischen Mandatsmacht eintrat. Kamāl Ǧunbulāṭ war also gegen den unabhängigen libanesischen Staat, basierend auf dem Nationalpakt, eingetreten. Damit steht er im Gegensatz zu seinem Rivalen Maǧīd Arslān, dessen Rolle in der kritischen Phase des Kampfes um die Unabhängigkeit bereits ausgeführt wurde, und der von Anfang an voll in das neue politische System integriert war. So verwundert es auch nicht, dass Maǧīd Arslān zum ersten Verteidigungsminister des unabhängigen Libanon ernannt wurde – ein Ressort, das dem konfessionellen Proporz zufolge bis zum Bürgerkrieg den Drusen vorbehalten war. Während Maǧīd Arslān diesem Ressort 22 Mal vorstand, womit er den Rekord unter allen libanesischen Ministern hält, bekleidete Kamāl Ǧunbulāṭ dieses Amt kein einziges Mal.[493]

1949 gründete Kamāl Ǧunbulāṭ die *Parti Socialiste Progressiste* (PSP) und war damit der erste nicht-christliche Libanese, der eine Partei gründete, die den libanesischen Staat akzeptierte. Die PSP war von Anfang an eine drusisch dominierte Partei mit einem streng hierarchischen Aufbau, welche vorwiegend die Interessen der Ǧunbulāṭ-Fraktion vertrat. Dennoch hatte die PSP besonders vor dem Libanesischen Bürgerkrieg auch eine große Gefolgschaft unter Christen und Muslimen, letztere überwiegend aus der armen schiitischen Bevölkerungsgruppe. Was die PSP für Mitglieder anderer Konfessionen attraktiv machte, war die Betonung der sozialen Frage, die Forderung nach Reformen im Justiz- und Verwaltungssektor und ganz besonders die Forderung nach Abschaffung des konfessionellen Proporzes.[494]

Kamāl Ǧunbulāṭ entwickelte sich bald zu einem der profiliertesten Oppositionspolitiker der jungen Demokratie und war 1952 führend am

---

491 Vgl. Salibi 1965:172ff; 186; Schenk 1994:61.
492 Vgl. ebd.
493 Vgl. ebd.:67.
494 Vgl. ebd.:72f. Eine kurze Bewertung seines Verständnisses von Sozialismus.

Sturz des Staatspräsidenten Beshara Khoury beteiligt.[495] Während seiner politischen Laufbahn führte noch er eine ganze Reihe von Oppositionsbündnissen unter unterschiedlichen Namen und mit wechselnden
Partnern an.[496] Kamāl Ǧunbulāṭ lehnte den konfessionellen Proporz
als Grundlage des Staatssystems dezidiert ab, ein System, das ihn als
Druse von den drei höchsten Ämtern des Staates ausschloss.

4.2.2 Der Libanesische Bürgerkrieg 1958 und Staatspräsident Šihāb

Im Bürgerkrieg 1958,[497] der vor dem Hintergrund des Zusammenschlusses von Ägypten und Syrien zur Vereinigten Arabischen Republik begann, ging es hauptsächlich um die Frage nach dem arabischen
Charakter des libanesischen Staates und die pro-westliche Außenpolitik des Staatspräsidenten Camille Chamoun [Kamīl Šamʿūn].[498] Im Zuge
des Bürgerkrieges 1958 kam es auch zwischen den Gefolgsleuten von
Maǧīd Arslān und Kamāl Ǧunbulāṭ zu bewaffneten Auseinandersetzungen. Maǧīd Arslān war als Oberhaupt der Familie Arslān und Führer der Yazbakī-Fraktion nicht nur ein „natürlicher Konkurrent", er
war außerdem ein enger Verbündeter von Staatspräsident Camille
Chamoun, während Kamāl Ǧunbulāṭ ein prominentes Mitglied der
Opposition war. Ǧunbulāṭs Beweggründe, Waffengewalt einzusetzen,
waren al-Khazen zufolge weniger ideologischer Natur, er sah vielmehr
seine Machtbasis als traditioneller *zaʿīm* (feudale Führungspersönlichkeit) des Šūf in Gefahr. Chamoun stammte ebenfalls aus dem Šūf und
hatte bei den Parlamentswahlen 1957 eine Koalition geschmiedet, die
Kamāl Ǧunbulāṭ das einzige Mal zwischen seinem ersten Mandat 1943
und seinem Tod den Parlamentssitz kostete.[499]

Die blutigen Auseinandersetzungen innerhalb der Gemeinschaft
konnten erst durch eine Intervention der *aǧawīd* beendet werden, die

---

495 Vgl. al-Khazen 1988:179.

496 Zur genauen Auflistung der Oppositionsbündnisse vgl. Schenk 1994:74f, Anm. 83.

497 Zum libanesischen Bürgerkrieg 1958 vgl. Salibi 1965:200ff.

498 Vgl. Rabinovich 1986:28.

499 Vgl. al-Khazen 1988:180.

ihre Interventionen normalerweise auf religiöse Angelegenheiten be-
schränken.[500] Der Bürgerkrieg, der gemäß der Eisenhower-Doktrin zur
Landung von US-Marines geführt hatte, endete mit der Wahl des maronitischen Armeechefs Šihāb zum Staatspräsidenten.[501] Ǧunbulāṭ gelang es, sich in den Ereignissen um den Bürgerkrieg 1958 als Bewah-
rer des unabhängigen Libanon, der gemäß dem Nationalpakt gute Beziehungen mit den arabischen Nachbarstaaten zu pflegen hat, zu positionieren. Andererseits stand Kamāl Ǧunbulāṭ 1958 wie schon davor
1952 an der Spitze eines breiten Oppositionsbündnisses.[502] So konnte
er seinen Einfluss auf nationaler Ebene weiter vergrößern.

Šihāb gelang es während seiner Präsidentschaft von 1958 bis 1964,
den Libanon politisch zu stabilisieren; mit Hilfe von politischen Zuge-
ständnissen an die Muslime wie einer leicht pro-nasseristischen Außenpolitik und eines mächtigen Staatsapparates, besonders des Mili-
tärgeheimdienstes, sowie seiner dominanten Persönlichkeit.[503] Innen-
politisch gelang es Präsident Šihāb, Kamāl Ǧunbulāṭ auch durch sozi-
alpolitische Reformen zu neutralisieren, was diesen dazu veranlasste,
sich zunehmend im regionalen arabischen Rahmen zu engagieren.
Präsident Šihāb konnte Kamāl Ǧunbulāṭ zudem in gewisser Weise in
sein politisches System integrieren, indem er ihn mehrmals zum Minister ernannte. Kamāl Ǧunbulāṭ scheute zwar nicht davor zurück, die
Politik des Kabinetts zu kritisieren, seine Opposition war aber eine
„opposition from within"[504] und hielt sich an gewisse Spielregeln.

4.2.3 Der Weg in den Libanesischen Bürgerkrieg

Der Nachfolger von Präsident Šihāb, Charles Ḥelū, konnte nicht die
selbe stabilisierende Kraft entfalten wie sein Vorgänger. Seit der Nie-

---

500 Vgl. Schenk 1994:68.

501 Vgl. Salibi 1965:203. Fuʾād Šihāb stammt aus der Dynastie Šihāb und wurde oft
     schlicht als Emir und nicht als Präsident bezeichnet.

502 Vgl. Schenk 1994:78;80. Das Oppositionsbündnis 1958 bestand überwiegend aus
     muslimisch geprägten Parteien, wurde aber auch von einigen namhaften christli-
     chen Politikern unterstützt; vgl. ebd.:78.

503 Vgl. Rabinovich 1986:27f.

504 al-Khazen 1988:181.

derlage der arabischen Armeen gegen Israel 1967 begann sich Kamāl Ǧunbulāṭ zunehmend für die Anliegen der Palästinenser stark zu machen und ihre militärischen Aktivitäten im Libanon nahezu uneingeschränkt zu verteidigen.[505] Die Aktivitäten der PLO, die die libanesische Souveränität gefährdeten, wurden zum größten Streitpunkt zwischen Ǧunbulāṭ und den maronitischen Eliten, während sich Ǧunbulāṭ und seine Verbündeten auch politisch immer weiter an die palästinensischen Milizen anlehnten.[506] Nach Zusammenstößen zwischen palästinensischen Milizionären und der libanesischen Armee 1969 wurde im Kairo-Abkommen versucht, den Status der palästinensischen Milizen zu regeln, allerdings vergeblich, wie sich zeigen wird. Im selben Jahr legalisierte er als Innenminister eine Reihe von Parteien, die dem libanesischen Staat kritisch bis ablehnend gegenüber standen.[507] Man könnte darin ein Indiz dafür sehen, dass Kamāl Ǧunbulāṭ zu diesem Zeitpunkt schon eine totale Transformation des auf dem Nationalpakt basierenden politischen Systems anstrebte.

Kamāl Ǧunbulāṭ erweiterte sukzessive seine Gefolgschaft um Muslime und linksgerichtete Christen, besonders aufgrund seines Engagements für die Anliegen der Palästinenser. Das war nur möglich, da die traditionellen sunnitischen Eliten über keine Führungspersönlichkeit von ausreichendem Format verfügten und nicht im selben Maße für die palästinensischen Anliegen eintraten.[508]

Wie hoch sein Einfluss und Prestige als progressiv-sozialistischer Führer zu Beginn der 1970er Jahre waren, kann an drei Beispielen veranschaulicht werden: Seiner Rolle als Generalsekretär der *Arab Front for the Support of the Palestinian Revolution*, einer pro-PLO-Organisation mit Mitgliedern aus verschiedenen arabischen Ländern; der Verleihung des Lenin-Ordens 1972 sowie der Tatsache, dass es mit dem Kabinett von Ministerpräsident as-Sulh ab 1974 erstmals eine „linke"

---

505 Vgl. ebd.

506 Vgl. Goria 1985:93.

507 Unter ihnen die PPS, die Baath-Partei und die Kommunistische Partei; vgl. al-Khazen 1988:202, Anm. 14.

508 Vgl. Cobban 1985:106ff.

Regierung gab.[509] Kamāl Ğunbulāṭ war 1975, als der Bürgerkrieg begann, „Lebanon's most powerful Muslim leader".[510] Er hatte auch ganz klare Ambitionen, das oberste Amt im Staat zu bekleiden, ein Wunsch, der nur durch die Beseitigung des konfessionellen Proporzes zu realisieren war.[511] Sein Kampf gegen das politische System war demnach auch geprägt von seiner persönlichen Ambition auf das Präsidentenamt.[512]

Wie widersprüchlich die Person Kamāl Ğunbulāṭ war, zeigt die Tatsache, dass er bei der Präsidentenwahl 1970 seine entscheidende[513] Stimme nicht dem Kandidaten Elias Sarkis [Iliās Sarkīs], einem ehemaligen Beamten, der für die Politik Šihābs stand, sondern dem konservativen *zaʿīm* Sulaimān Franğiya, gab. Ein Grund für dieses Votum, den Ğunbulāṭ selbst bestätigt hat, war soziale Arroganz. Der sozialistische Parteichef hielt einen *zaʿīm* wie Franğiya einfach für repräsentativer als einen Beamten wie Sarkis.[514] Hanf nennt aber noch einen weitaus komplexeren Grund für Ğunbulāṭs auf den ersten Blick unsinniges Votum: Wie bereits ausgeführt war Ğunbulāṭ selbst eine der Stützen des Šihābismus gewesen, trug nun aber zu seinem Untergang entscheidend bei. Ğunbulāṭs neue Verbündete, die Palästinenser und die von ihm als Innenminister legalisierten Parteien, waren durch den Šihābistischen Staatsapparat, besonders den Geheimdienst, effektiv

---

509 Vgl. al-Khazen 1988:181. Im Kabinett waren die Falange und Ğunbulāṭs Gefolgsleute gleich stark vertreten, während der Ministerpräsident ein Protégé von Ğunbulāṭ war. Ğunbulāṭ konnte also soviel Einfluss auf das Kabinett ausüben wie nie zuvor. Mit dem Ausbruch des Bürgerkrieges löste sich das Kabinett auf; vgl. ebd.

510 Goria 1985:185.

511 In einem Interview mit dem libanesischen *Daily Star* äußerte er sich 1974 wie folgt über seine Ambitionen auf die libanesische Präsidentschaft: „any deputy who denies ambition to become President is dishonest"; zit. nach ebd.:111 Anm. 28. Seine Ambitionen verdeutlichen auch Berichte, wonach er als Innenminister Dokumente mit der frei erfundenen Bezeichnung „Administrativer Gouverneur des Libanon" unterzeichnet haben soll; vgl. Hanf 1990:246, Anm. 16.

512 Ähnlich argumentiert auch Helena Cobban; vgl. Cobban 1985:107.

513 Franğiya gewann die Wahl mit einer Stimme Vorsprung auf Sarkis; vgl. Hanf 1990:165.

514 Vgl. ebd. Hanf zitiert Kamāl Ğunbulāṭ aus einem persönlichen Interview folgendermaßen: „Ich bin kein großer Freund Sleiman Frangiés. Aber er stellt doch etwas dar, während Herr Sarkis nur ein grand commis (etwa ein leitender Angestellter) ist."; ebd., Ergänzung im Original.

kontrolliert worden. Im Interesse von Ǧunbulāṭ und seinen Verbündeten lag es nun eben nicht, dieses System durch die Wahl von Sarkis zu
stärken.[515] Es liegt der Schluss nahe, dass ihm sein Plan einer Transformation des politischen Systems mit einem Clanführer an der Spitze
leichter zu realisieren erschien als mit einem Befürworter starker
staatlicher Strukturen.

Eine gewisse soziale Arroganz „Aufsteigern" gegenüber ist aber
nicht der einzige problematische Aspekt von Kamāl Ǧunbulāṭs Persönlichkeit. Viel gravierender ist seine zunehmend an Hass grenzende
Verachtung für das politische Maronitentum, die sich besonders in seinem postum erschienenen Buch *I speak for Lebanon* erkennen lässt.[516]
Das steht in gewissem Widerspruch zu dem hoch gebildeten und spirituellen Kamāl Ǧunbulāṭ, der als Bewunderer von Mahatma Gandhi bekannt war.[517]

Wie das Beispiel der Wahl von Sulaimān Franǧiya zum Präsidenten zeigt, gibt es für viele Handlungen Ǧunbulāṭs auch eine Erklärung
durch seine politische Strategie, allerdings sollte seine Persönlichkeit,
die sich zweifellos immer mehr radikalisierte, in einer Analyse seiner
politischen Tätigkeit ebenfalls berücksichtigt werden.

4.2.4 Die ersten Jahre des Libanesischen Bürgerkrieges

Der Streit um die bewaffneten Aktivitäten der Palästinenser hatte sich
durch den Schwarzen September 1970,[518] der zur Vertreibung von vielen palästinensischen Milizionären aus Jordanien in den Libanon geführt hatte, an zusätzlicher Brisanz gewonnen. Immer wieder kam es
in den frühen 1970er Jahren zu bewaffneten Auseinandersetzungen
zwischen der Falange und palästinensischen Milizen. Bald spitzte sich

---

515 Vgl. Hanf 1990:165.
516 Vgl. Joumblatt 1982:40ff. Vgl. außerdem dazu die Schilderungen über Kamāl Ǧunbulāṭs Persönlichkeit durch einen „Notablen seiner eigenen Partei" bei Hanf
1990:502. Ǧunbulāṭ soll sich demzufolge besonders über den aus ärmlichen Ver-
hältnissen stammenden „Aufsteiger" Ḥāfiẓ al-Asad verächtlich geäußert haben.
517 Vgl. al-Khazen 1988:189.
518 Die Vertreibung der der PLO aus Jordanien mit schweren militärischen Auseinandersetzung zwischen jordanischer Armee und Palästinersern.

142

vor dem Hintergrund der Frage nach den Aktivitäten der Palästinenser die innenpolitische Auseinandersetzung auf einen christlich-muslimischen Gegensatz zu, der sich grob gesagt mit dem Gegensatz ‚Beibehaltung des politischen Systems' (Christen) versus ‚grundlegende Veränderung des politischen Systems' (Muslime und linke Parteien) deckte. Kamāl Ǧunbulāṭ führte die „progressiven" Kräfte, die Nationalbewegung an, während sich die maronitischen – oder maronitisch geprägten – Gruppen zur Libanesischen Front zusammenschlossen.[519]

Der Bürgerkrieg begann 1975 zunächst als Auseinandersetzung zwischen palästinensischen Gruppen und der Falange, die schnell auf das ganze Land übergriffen. Kamāl Ǧunbulāṭ sah hierin die Chance für eine grundlegende Veränderung des politischen Systems und riskierte bewusst die Eskalation des Konflikts.[520] Theodor Hanf, der eine Vielzahl von libanesischen Politikern interviewt hat, kommt bezüglich der Kriegsursachen und Kamāl Ǧunbulāṭs Rolle zu folgendem Schluss:

Er ist der einzige unter den Libanesen, dem – ob mit Bewunderung, ob mit Hass – von seinen Zeitgenossen die Größe oder Ruchlosigkeit zugebilligt wird, als einzelner Mann den Gang der Geschichte seines Landes ausschlaggebend beeinflusst zu haben.[521]

Aus Kamāl Ǧunbulāṭs Sicht bot sich einmalig die historische Gelegenheit, die Maroniten militärisch zu schlagen,[522] um danach das politische System grundlegend zu transformieren.[523] Dieser Logik folgend lehnte Ǧunbulāṭ auch eine politische Lösung strikt ab, womit er sich zunehmend in Gegensatz zur Position Syriens unter Ḥāfiẓ al-Asad begab. Am klarsten wird Ǧunbulāṭs Haltung bei seiner Ablehnung des

---

519 Unter ihnen die Falangisten mit der Familie Gemayel [Ǧumaiyil] sowie die traditionellen christlichen Clans Chamoun und Franǧiya.

520 "Thereafter Fatah wanted to cool the situation, but Jumblatt decided on escalation"; Harris 1996:161.

521 Hanf 1990:503.

522 Kamāl Ǧunbulāṭ äußert sich diesbezüglich in dem kurz vor seinem Tod geschriebenen Buch *I speak for Lebanon*: „...the racist facism of the Falangists, of Shamun and company, first had to be broken militarily if one was later to deal with it politically, and eventually, heal it psychologically."; Joumblatt 1982:74, Auslassungen durch den Verfasser TL.

523 Vgl. ebd.:15.

unter syrischer Vermittlung 1976 ausgehandelten Damaskus-Abkommens.[524]

Bei einem Treffen am 27. März 1976 zwischen al-Asad und Ǧunbulāṭ in Damaskus kam es dann zum offenen Bruch. Ḥāfiẓ al-Asad schildert dieses Treffen in einer bemerkenswerten Rede vom 20. Juli 1976, in der die Gründe für die militärische Intervention Syriens zugunsten der Libanesischen Front dargelegt werden.[525] Al-Asad zufolge würde eine Säkularisierung des Libanon nicht an der Falange, sondern an den sunnitischen und schiitischen Politikern und Geistlichen scheitern, weil solche Reformen mit dem Islam unvereinbar wären.[526] Ǧunbulāṭ hatte demnach dieses Argument einfach beiseite gewischt: „Do not pay attention to them; they do not represent anything."[527] Noch bemerkenswerter sind die Äußerungen von al-Asad über Ǧunbulāṭs Standpunkt zu einer Einstellung der Feindseligkeiten zwischen Libanesischer Front und Nationalbewegung. In al-Asads Darstellung wird seine Sicht der eigentlichen Ziele Ǧunbulāṭs bezüglich der Maroniten deutlich, nämlich die Niederlage Bašīr Ǧunbulāṭs 1825 zu rächen und die damals errungene Vormachtstellung der Maroniten wieder zu beenden:

> *He (Kamāl Ǧunbulāṭ) said, "Let us discipline them. We must have decisive military action. They have been governing us for 140 years, and we want to get rid of them." At this point I (Ḥāfiẓ al-Asad) realized that all the masks had fallen... The matter was not between the right and left or between a progressive and a reac-*

---

524 Vgl. Hanf 1990:276. Mit dem Abkommen sollte der konfessionelle Proporz, der bisher auf einem *Gentlemen's Agreement* beruhte, in der Verfassung festgeschrieben werden. Aus Ǧunbulāṭs Sicht war das eine maßlose Enttäuschung, bedeutete diese Entwicklung doch einen Rückschlag im Kampf gegen den konfessionellen Proporz. Außerdem hätte er, wie alle Drusen, in der Zukunft weiterhin nur das Amt eines Ministers bekleiden können. Ǧunbulāṭ hatte angeblich gehofft, wenigstens das Präsidentenamt für alle christlichen Gemeinschaften und das Amt des Premierministers für alle muslimischen Gemeinschaften öffnen zu können. Er hätte so zumindest Premier werden können; vgl. ebd.:276f.

525 Die Rede des syrischen Präsidenten wurde von Radio Damaskus übertragen; für eine englische Übersetzung vgl. Rabinovich 1986:201ff.

526 Vgl. ebd.:218.

527 Zit. nach ebd., Auslassungen und Ergänzungen durch den Verfasser TL.

tionary. It was not between a Moslem and a Christian. The matter was of vengeance, a matter of revenge, which dates back 140 years.[528]

Syrische Truppen intervenierten schließlich im Libanon und bewahrten die Libanesische Front vor einer sicher geglaubten Niederlage. Damit war die historische Gelegenheit, das politische System des Landes zu transformieren, vorbei. Kamāl Ǧunbulāṭ und seine Verbündeten erlitten gegen Syrien eine schwere militärische Niederlage. Weitaus schwerer jedoch wiegt die politische Konsequenz, dass die syrische Vormachtstellung im Libanon von der arabischen Welt anerkannt wurde.[529]

Die Ermordung Kamāl Ǧunbulāṭs im März 1977 wird weitläufig Syrien zugeschrieben. Über die wahren Gründe für diese Tat kann nur spekuliert werden, wie es auch nie einen Beweis für eine syrische Beteiligung gab. Wade Goria bietet eine ganze Reihe von plausibel erscheinenden Erklärungen für eine derartige Entscheidung al-Asads, wie z.B. die zunehmende irakische Unterstützung für Ǧunbulāṭ. Ein Punkt von besonderem Interesse im Rahmen dieser Arbeit ist, dass Kamāl Ǧunbulāṭ enge Kontakte zu drusischen Offizieren innerhalb der syrischen Armee pflegte, was für al-Asad vor dem Hintergrund der Rivalität zwischen Alawiten und Drusen in den 1960er Jahren im eigenen Land („Hatum-Affäre"), als zunehmend gefährlich erscheinen konnte.[530]

Es ist umso tragischer, dass trotz des Umstands, dass vieles auf eine Involvierung Syriens an der Ermordung Kamāl Ǧunbulāṭs hindeutete, es als unmittelbare Reaktion zur Ermordung von Christen im

---

528 Zit. nach ebd.:218f, Auslassungen und Ergänzungen durch den Verfasser TL.

529 Vgl. Ebd.:77.

530 Vgl. Goria 1985:228; ebd.:242 Anm. 172. Zu den Hintergründen der alawitisch-drusischen Spannungen in Syrien und der „Hatum-Affäre" (ein Putschversuch drusischer Offiziere 1966) vgl. 1988:109ff. Die Einschätzung, dass weitgehend angenommen wird, dass Syrien für den Mord an Kamāl Ǧunbulāṭ verantwortlich ist, bestätigt auch Rabinovich; vgl. Rabinovich 1986:77.

Šūf kam. „In a moment of tragedy, the old conflict with the Maronites was more enduring than a fraud with Syria."[531]

Wichtig ist festzuhalten, dass Kamāl Ǧunbulāṭ die unverzichtbare politische Integrations- und Führungsfigur der Nationalbewegung war. Die Erhaltung einer vereinigten Front gegen Syrien war von seiner Person abhängig. Die Miliz der PSP spielte hingegen militärisch unter Kamāl Ǧunbulāṭ nur eine untergeordnete Rolle. In den ersten Jahren des Libanesischen Bürgerkriegs war das Lager Ǧunbulāṭs auf die palästinensischen Gruppen und andere libanesische Milizen angewiesen. Die militärische Mobilisierung der Drusen im Libanesischen Bürgerkrieg war zu Beginn noch recht gering, ein Umstand, der sich erst im Šūf-Krieg 1982/1983 ändern sollte.[532] Die geringe Mobilisierung bis 1982/1983 lässt sich auch mit dem Umstand erklären, dass Kamāl Ǧunbulāṭ sehr darauf bedacht war, keine kriegerischen Auseinandersetzungen in „seinem Gebiet", dem drusischen Kernland im Gebirge, zuzulassen. Er erlaubte daher auch nicht der PLO, dort zu operieren, selbst wenn dies den Kriegsverlauf hätte günstig für die Nationalbewegung beeinflussen können, was in Folge zu nachhaltigen Spannungen mit der PLO führte.[533]

4.3 Der Šūf-Krieg

4.3.1 Ausgangssituation

Durch die Niederlage gegen Syrien wurde die Nationalbewegung ernsthaft geschwächt, zusätzlich kam ihr mit der Ermordung Kamāl Ǧunbulāṭs 1977 die Führungs- und Integrationsfigur abhanden. Der bis dahin politisch nur wenig in Erscheinung getretene Sohn von Kamāl Ǧunbulāṭ, Walīd, trat nun die Nachfolge seines Vaters an: als Anführer der Ǧunbulāṭ-Fraktion, als Chef der PSP sowie als Anführer

---

531 Vgl. Hanf 1990:299. Walīd Ǧunbulāṭ versuchte die Massaker, die 130-180 Todesopfer forderten, zu verhindern und ließ selbst keinen Zweifel daran, dass die Verantwortung am Tod seines Vaters nicht bei den Maroniten lag; vgl. ebd. Anm. 97. Vgl. außerdem Rabinovich 1986:77.

532 Vgl. ebd.; al-Khazen 1988:205 Anm. 86.

533 Vgl. Hanf 1990:288; ebd. Anm. 79.

der Nationalbewegung. Es mangelte ihm aber zu dieser Zeit zu sehr an
Erfahrung und Charisma, um eine echte Führungsfigur dieses Lagers
zu sein. Von 1977 bis 1982 schaffte er es nicht, die vollständige Nachfolge seines Vaters als unbestrittener Führer der libanesischen Drusen,
also auch der Yazbakīs, und der Nationalbewegung anzutreten.[534]

1982 intervenierte die IDF massiv im Libanon und stieß bis Beirut
vor. Für die Drusen war der Umstand wichtig, dass auch der Šūf und
ʿĀlaih, also das Zentrum der Drusen im Libanongebirge, von der IDF
besetzt wurden. Walīd Ǧunbulāṭ ordnete „passiven Widerstand" an,
was bedeutete, dass die PSP den bedrängten Palästinensern nicht zu
Hilfe kam, es aber auch keine Zerstörungen oder Verluste durch
Kämpfe mit der IDF im drusischen Kernland gab.[535]

Vor dem Bürgerkrieg hatten in den Distrikten ʿĀlaih und Šūf etwa
gleich viele Christen wie Drusen gelebt, sowie eine kleinere sunnitische Minderheit. Obwohl die Drusen im Šūf schon lange nicht mehr in
der Mehrheit waren, war es doch ihr Kernland. Im Šūf hatte es keine
kriegerischen Auseinandersetzungen gegeben, außer den Massakern
unmittelbar nach Kamāl Ǧunbulāṭs Ermordung; viele Christen waren
trotzdem bereits geflohen. Die Zurückgebliebenen lebten in relativ
friedlicher Koexistenz mit ihren drusischen Nachbarn, allerdings mit
einer klaren Rollenverteilung, denn die Drusen waren die Herren, wie
in vergangenen Jahrhunderten. Es herrschten insgesamt relativ stabile
Verhältnisse und es gab nur eine Miliz in dem Gebiet, nämlich die
PSP.[536]

4.3.2 Mobilisierung der Gemeinschaft

Im „Windschatten" der israelischen Besetzung kehrten auch die *Forces
Libanaises*[537] und die Falange in das drusische Kernland zurück. Sie er-
öffneten Parteibüros und errichteten Kontrollpunkte. Schikanen ge-

---

534 Vgl. Rabinovich 1986:180.

535 Vgl. Hanf 1990:342.

536 Vgl. ebd.:452.

537 Die *Forces Libanaises* waren ursprünglich die Miliz der Falange unter Führung
     von Bashir Gemayel. Die FL waren die größte christliche Miliz im Bürgerkrieg.

genüber der drusischen Bevölkerung führten in der Folge zu bewaffneten Auseinandersetzungen, wobei die IDF, Hanf zufolge, zu diesem Zeitpunkt oft schlichtend eingriff.[538] Diese Einschätzung widerspricht den Berichten des drusischen-israelischen Politikers Zeidan Atashi, der im Laufe des Jahres 1982 mehrmals das Libanongebirge besucht hat. Atashi berichtet als Augenzeuge von aktiver Hilfe der IDF gegenüber der *Forces Libanaises*.[539] Bašīr Gemayel ordnete schließlich den Rückzug der *FL* an, da seine Wahl zum Präsidenten unmittelbar bevorstand und er dafür auch die Stimmen von drusischen Mandataren benötigte.[540]

Nach der Ermordung Bašīr Gemayels am 10. November 1982 kam es zu einem weiteren Versuch der *Forces Libanaises,* das drusische Kernland zu kontrollieren. Die libanesischen Drusen sahen nun ihre territoriale Basis bedroht. Unter ihnen brach eine Art Existenzangst aus, wobei nicht außer Acht gelassen werden sollte, welche Eindrücke das zeitgleich von den *Forces Libanaises* unter den Augen der IDF begangene Massaker in den palästinensischen Flüchtlingslagern Ṣabrā und Šātīlā auf die Drusen gemacht hat. Auf jeden Fall kam es zu einer starken militärischen Mobilisierung der Drusen im Libanon, die bis dahin im Vergleich mit anderen Gemeinschaften eher schwach gewesen war: Die knapp 250 000 libanesischen Drusen stellen 30 000 Milizionäre auf. Die meisten dieser 30 000 Milizionäre sind der PSP zuzurechnen, wobei auch die religiöse Führung eine eigene Miliz aufstellte.[541] Die Mobilisierung der Drusen wurde durch die Tatsache verstärkt, dass die *Forces Libanaises* keinen Unterschied zwischen den Anhängern der PSP und den Anhängern der Familie Arslān machten, obwohl die Familie Arslān Bašīr Gemayels Kandidatur für das Präsidentenamt unterstützt und ihn auch gewählt hatte. Dieses Vorgehen führ-

---

538 Vgl. ebd.:355.

539 Interview mit Zeidan Atashi am 24. Juli 2010 in ʿIsfiyā.

540 Vgl. Hanf 1990:355.

541 Vgl. ebd. Zu dieser von den religiösen Würdenträgern aufgestellten Miliz ist in der Literatur nichts zu entnehmen, außer Hanfs Hinweis, dass es sich um „Ibrahims Streitkräfte" gehandelt hat; vgl. ebd.

te zu einem Bündnis der zwei Fraktionen gegen die *Forces Libanaises*.[542]

Der Umstand, dass die Mobilisierung der libanesischen Drusen bis dahin eher schwach war, aber 1982 umso stärker eingesetzt hat, lässt sich auch anhand der drusischen Soldaten in der regulären libanesischen Armee illustrieren: Noch Anfang der 1980er Jahre waren die Drusen zahlreich in der Armee repräsentiert. Drusen hatten in der libanesischen Armee traditionell eine starke Präsenz und waren für viele Jahre die einzigen Nicht-Christen gewesen, die höhere Positionen bekleideten, wie z.B. die des Generalstabschefs. Erst relativ spät im Šūf-Krieg, am 3. Oktober 1983, kam es zu einem geschlossenen Überlaufen von 600 drusischen Soldaten zur PSP. Unmittelbar davor hatte auch das einzige drusische Kabinettsmitglied, Finanzminister ʿĀdil Ḥamiya, sein Amt aufgrund der Rolle der Regierung im Šūf-Krieg zurückgelegt.[543]

4.3.3 Die Rolle der Familie Arslān

Maǧīd Arslān war zu Beginn der 1980er Jahre bereits schwer krank und verstarb schließlich im September 1983. Sein ältester Sohn Faiṣal setzte die Politik seines Vaters einer Kooperation mit den maronitischen Eliten fort und war für seine Kontakte mit der Falange bekannt. Im Gegensatz zu Walīd Ǧunbulāṭ hatte er die israelische Invasion öffentlich begrüßt. Seinem Prestige hat das unter den Drusen, angesichts der Existenzbedrohung durch die christlichen Milizionäre, die zumindest zeitweise unter israelischem Schutz operierten, mit großer Wahrscheinlichkeit geschadet. Nach dem Tod seines Vaters trat Faiṣal Arslān deutlich in den Hintergrund und seine Mutter Ḫaula Arslān, eine geborene Ǧunbulāṭ, wurde die Sprecherin der Yazbakī-Fraktion.[544] Es

---

542 Vgl. ebd.:355f. Ein weiterer Grund für eine Mobilisierung war ein fehlgeschlagenes Attentat auf Walīd Ǧunbulāṭ am 1. Dezember 1982; vgl. ebd:356.

543 Vgl. Betts 1988:112f.

544 Vgl. ebd.:99 Anm. 32. Betts beschreibt Faiṣal Arslāns Politik folgendermaßen: Faiṣal Arslān „has followed his father's policies and if anything has pushed the more conservative of the two factions, the Yazbakis, even further to the right"; ebd. Betts Kategorisierung der drusischen Fraktionen mit Begriffen wie *conserva-*

ist wahrscheinlich, dass die Entmachtung Faiṣals durch seine Mutter mit dessen pro-maronitischer bzw. pro-israelischer Politik zusammenhängt. Judith Harik deutet an, dass Walīd Ǧunbulāṭ auch eine Rolle bei der Absetzung Faiṣals als Oberhaupt der Yazbakī-Fraktion gespielt hat, was ein weiteres Indiz für die schwache Position der Arslāns in dieser Periode darstellt: „This issue (Die Unterstützung der Falange) caused Walid Jumblatt to oppose Faysal's leadership of the Arslan Clan... The Amirs (Maǧīd Arslāns) younger son, Talāl, became then head of the family."[545]

4.3.4 Das Verhältnis der PSP zu regionalen Akteuren (Israel und Syrien)

Im Dezember 1982 wurde bereits an vielen Orten des Šūf gekämpft, wobei die israelischen Truppen Hanf zufolge weiter um Neutralität bemüht waren. Hier widersprechen die Aussagen Atashis aber wieder den Ausführungen von Hanf. Unbestritten scheint zumindest zu sein, dass die IDF versuchte, direkte Konfrontationen mit den libanesischen Drusen zu vermeiden, wohl auch aus Rücksicht auf die Drusen in den eigenen Reihen und der Gemeinschaft in Israel im Allgemeinen.[546]

Die Politik Israels im Šūf wurde 1983 zunehmend „drusenfreundlicher". Hierfür lassen sich verschiedene Gründe feststellen:

1. Das Lobbying der israelischen Drusen wurde immer stärker, ein Aspekt, der im Laufe dieser Arbeit noch genauer untersucht werden wird;

2. Die israelische Führung begann zunehmend die exklusive Unterstützung der Maroniten zu hinterfragen, besonders nach der gescheiterten Implementierung des Israelisch-Libanesischen Abkommens vom 17. Mai 1983;[547]

---

tive und *right* ist äußerst missverständlich. Betts möchte vermutlich so eine Nähe zu den maronitischen Kräften der *status quo*-Koalition, besonders der Falange, beschreiben.

545 Harik 1995:68, Anm. 10, Ergänzungen und Auslassungen durch den Verfasser TL.
546 Vgl. Hanf 1990:356.
547 Vgl. ebd.

3. Moshe Arens, der im Februar 1983 Ariel Sharons Nachfolger als
   Verteidigungsminister wurde, betrachtete die Drusen im Libanon
   als mögliche Alliierte;
4. Es gab auch Übereinkommen zwischen der PSP und der israelischen Seite.

Gehen wir kurz auf die Beziehung zwischen Vertretern Israels und
den libanesischen Drusen in den Jahren 1982/1983 ein. Ende Juni 1982
besuchte Shimon Peres, damals Chef der oppositionellen Arbeiterpartei, Walīd Ǧunbulāṭ in Muḫtārah, dem Stammsitz der Ǧunbulāṭs. Das
Treffen war durch den französischen Staatspräsidenten François Mit-
terrand im Rahmen der Sozialistischen Internationale vermittelt worden. Obwohl das Treffen scheiterte und keine Übereinkunft erzielt
werden konnte, zeigt es doch, dass Walīd Ǧunbulāṭ Kontakten mit Israel prinzipiell nicht abgeneigt war, selbst wenn das Treffen als Gespräch zwischen zwei stellvertretenden Vorsitzenden der Sozialistischen Internationale dargestellt wurde.[548] Die drusische Führung um
Walīd Ǧunbulāṭ hatte womöglich auch noch andere Motive, sich mit
Israel zu verständigen, als sich „nur" mit der Besatzungsmacht zu arrangieren. Syrien war zu diesem Zeitpunkt zwar ein Verbündeter im
Kampf gegen die Maroniten, aber, wie die eigene Erfahrung 1976/
1977[549] gezeigt hatte, auch ein möglicher Feind. Syrien blieb außerdem
ganz besonders jene Macht, die für die Ermordung Kamāl Ǧunbulāṭs
verantwortlich gemacht wurde.[550] Itamar Rabinovich stellt diesbezüglich Folgendes fest: „As long as Israel remained in or near the Shuf, a
semi-clandestine relationship with Israel offered a certain guarantee
against Syrian dominating."[551] Wie diese *semi-clandestine relationship*
sich tatsächlich äußerte, kann, basierend auf der einschlägigen Literatur, nicht bestimmt werden. Auch z.B. Theodor Hanf lässt durchbli-

---

548 Vgl. ebd. Anm. 160; Atashi 1997:155. „Peres was said to have comported himself
during this meeting as an "arrogant conqueror", come to dictate terms in
Jumblatt's own home." Ebd.

549 1976 mit der militärischen Intervention auf Seiten der Libanesischen Front und
schließlich 1977 als möglicher Auftraggeber der Ermordung von Kamāl Ǧunbulāṭ.

550 Vgl. Rabinovich 1986:190.

551 Ebd.

cken, dass es Kontakte zwischen Israel und der PSP gegeben hat, spricht er doch davon, dass es den Drusen gelang, sich israelische und syrische Hilfe zu sichern.[552]

Es kam den libanesischen Drusen außerdem zugute, dass eine Schwächung der *Forces Libanaises* zu jener Zeit auch den syrischen Interessen im Libanon entsprach. So ließ das Regime in Damaskus zu, dass syrische Drusen die Milizen ihrer Glaubensbrüder im Šūf verstärkten. Zusätzlich erhielt die PSP von der syrischen Armee Nachschub an Waffen und Munition, ohne dass das von der IDF unterbunden wurde.[553] Diese Episode ist ein weiteres Indiz dafür, wie sehr sich das Verhältnis zwischen Israel und den Maroniten in dieser Periode abgekühlt hatte.

4.3.5 Ende und Konsequenzen des Šūf-Krieges

Im Frühjahr 1983 waren die Drusen, aufgrund der starken Mobilisierung innerhalb der Gemeinschaft im Libanon und wegen der syrischen Unterstützung, der *Forces Libanaises* zahlenmäßig überlegen, aber auch strategisch klar im Vorteil. Das hatte keine Auswirkungen, solange die israelische Präsenz größere Auseinandersetzungen verhinderte.[554] Diese Situation änderte sich schlagartig mit dem Rückzug der IDF aus dem Šūf und ʿĀlaih am 3. September 1983.

Die libanesische Armee konnte die von der IDF geräumten Stellungen nur zu einem kleinen Teil übernehmen.[555] Bis auf eine Ausnahme gestattete es die IDF auch der PSP, Stellungen von der *Forces Liba-*

---

552 Vgl. Hanf 1990:356. *Der Spiegel* berichtete 1983 von regelmäßigen Treffen zwischen israelischen Vertretern und Vertretern der libanesischen Drusen, darunter auch Walīd Ǧunbulāṭ. Diesem Artikel zufolge versprach Ǧunbulāṭ den Israelis, keine Stützpunkte der PLO im Šūf zuzulassen. Im Gegenzug hätten die Isralis nicht ihre Luftwaffe gegen die Drusen eingesetzt, wie von den USA gefordert; vgl. DER SPIEGEL 1983a:136.

553 Vgl. Hanf 1990:357. Hanf zufolge ist diese kurze Zeitspanne gekennzeichnet durch „ein *partielles Zusammenfallen syrischer und israelischer Interessen*"; ebd, Heraushebung im Original. Für eine Analyse dieser Interessen vgl. ebd.

554 Vgl. ebd. Drusen und *Forces Libanaises* beschossen sich überwiegend mit Artillerie und terrorisierten sich gegenseitig durch Morde und Entführungen.

555 Vgl. ebd.:366. Zu den Gründen vgl. ebd. 365f.

naises zurückzuerobern.[556] Die IDF soll bei ihrem Rückzug sogar Waffen an die drusischen Milizionäre übergeben haben, wenn auch nicht unbedingt als offizielle Policy.[557]

In den von Israel geräumten Gebieten brach nun endgültig Krieg zwischen Drusen und *Forces Libanaises* aus. Die *FL* wurden von der PSP mit palästinensischer Unterstützung gleich zu Beginn der Kampfhandlungen vernichtend geschlagen und befand sich danach auf dem Rückzug. Auf diesem Rückzug richtete die *FL* noch in drei drusischen Dörfern Massaker an. Die drusischen Milizen hingegen hatten wesentlich mehr Zeit. Sie verübten eine Vielzahl von Massakern, wobei keinerlei Unterschied zwischen Maroniten, Griechisch-Katholischen und Griechisch-Orthodoxen oder zwischen Unterstützern und Gegnern der PSP gemacht wurde. Rund 60 Dörfer wurden zerstört und tausende christliche Bewohner ermordet. Innerhalb von zwei Wochen waren die christlichen Bewohner des Šūf getötet, vertrieben oder geflüchtet.[558]

Die Drusen hatten den Šūf-Krieg aufgrund der starken Mobilisierung, der transnationalen Solidarität ihrer Gemeinschaft wie auch einer günstigen politischen Umgebung, die besonders durch Walīd Ǧunbulāṭ geschickt ausgenützt wurde, für sich entscheiden können. Die Existenz der Gemeinschaft im Kernland war hiermit auf weite Sicht gesichert und wurde im Laufe des Bürgerkrieges auch nicht mehr gefährdet. Mit der friedlichen Koexistenz der Gemeinschaften, die noch, mit Ausnahme der Ereignisse nach der Ermordung Kamāl Ǧunbulāṭs, bis 1982 existiert hatte, war es nun vorbei. In den verbliebenen Jahren des Bürgerkrieges stand das drusische Kernland unter der Kontrolle der PSP, die dort eine autonome Zivilverwaltung aufbaute.[559]

---

556 Vgl. Atashi 1997:158.

557 Diese Überzeugung vertritt Dr. Shakeeb Salih, Dozent an der Bar-Ilan Universität; Interview mit Shakeeb Salih am 24. Juli 2009 in Mġār.

558 Vgl. Hanf 1990:366. Es gab vorerst zwei christliche Enklaven: Dair al-Qamar, das von den *Forces Libanaises* besetzt war und bis Weihnachten 1983 belagert wurde, sowie in Sūq al-Ġarb nahe Beirut, das von der regulären libanesischen Armee gehalten wurde; vgl. ebd. Die USA versuchten, die libanesische Armee zu unterstützen, und beschossen mit dem Schlachtschiff *USS New Jersey* drusische Stellungen.

559 Zur autonomen drusischen Zivilverwaltung hat Judith Palmer Harik ausführlich gearbeitet; vgl. Harik 1993. Walīd Ǧunbulāṭ hat Vorwürfe, er verfolge separatisti-

Wenn man Kamāl Ǧunbulāṭs Bestreben betrachtet, das Kräfteverhältnis im Šūf zugunsten der Drusen zu verändern und Rache an den
Maroniten zu nehmen für die Niederlage Bašīr Ǧunbulāṭs im 19. Jahrhundert, stellt sich zugleich die Frage, wie sehr sein Sohn in dieser
Hinsicht motiviert war. Bernadette Schenk zeigt, basierend auf einem
Interview, dass bei Walīd Ǧunbulāṭ, bezogen auf den Šūf-Krieg und
die Vertreibung der Christen, ähnliche Vorstellungen tatsächlich er-
kennbar sind.[560]

4.4 Die Drusen im Libanon.
Bewertung der heutigen Situation und Ausblick

Die Drusen im Libanon waren, wie bereits ausgeführt, zu Beginn des
Libanesischen Bürgerkrieges eine Gemeinschaft, deren militärische
Mobilisierung eher gering war. Das änderte sich im Šūf-Krieg, der das
drusische Kernland im Libanongebirge von einer durch die Koexistenz
von Maroniten und Drusen geprägten Gegend zu einem mehrheitlich
von Drusen bewohnten Gebiet machte. Walīd Ǧunbulāṭs Prestige als
Führungspersönlichkeit gründete sich in der Folge auf die erfolgreiche
Verteidigung des Kernlandes und auf den Aufbau einer autonomen Zivilverwaltung, die bis zum Ende des Bürgerkrieges bestehen blieb. Mit
dem Šūf-Krieg tritt Walīd Ǧunbulāṭ endgültig auch auf nationaler Ebene das Erbe seines Vaters an und wird zum unumstrittenen Führer der
libanesischen Drusen. Obwohl er nicht wie sein Vater zum Anführer
einer breiten Koalition wird, schafft er es, zu einer fixen Größe der libanesischen Politik zu werden. Die PSP wird in den 1980er Jahren, gestützt auf die Mobilisierung der eigenen Gemeinschaft, zu einer der
bedeutendsten Bürgerkriegsmilizen.

Walīd Ǧunbulāṭ gelang es, durch ein geschicktes Wechseln der
Bündnispartner seinen Einfluss während des Bürgerkrieges zu bewah-

---

sche Ziele, stets zurückgewiesen und die autonome Zivilverwaltung nur als Provi-
sorium dargestellt; vgl. ebd.:381f.

560 „... Rache sei auch der Motor für seine eigene Politik; militärisch habe er das Tes-
tament seines Vaters bereits 1982/83 mit der Vertreibung der Maroniten aus dem
Šūf eingelöst"; Schenk 2002:250, Auslassung durch den Verfasser TL.

ren. Ǧunbulāṭs Handeln war äußerst pragmatisch, so unterhielt er mit Ḥāfiẓ al-Asad, den er immerhin für den Tod seines Vaters verantwortlich ansah, die meiste Zeit über gute Beziehungen und lebte selbst zeitweise in Damaskus. Die PSP beteiligte sich auch entscheidend an der Vernichtung der nasseristischen Miliz *al-Murābiṭūn*, die der PLO nahe stand und von Syrien als Gefahr angesehen wurde.[561] Anders als sein Vater unterstützte Walīd Ǧunbulāṭ die PLO eher symbolisch und kam den Palästinensern während der israelischen Invasion 1982 nicht zur Hilfe.[562] Unterstützt wurde Walīd Ǧunbulāṭ in den 1980er Jahren neben Syrien von äußeren Akteuren wie der Sowjetunion und Libyen. Temporäre Übereinkommen gab es außerdem, wenn auch in einem wesentlich geringeren Ausmaß, mit Israel.[563] Mit Ḥāṣbaiā und einigen kleineren Dörfern im Südlibanon lebten bis in das Jahr 2000 libanesische Drusen unter der Kontrolle Israels bzw. der Südlibanesischen Armee (SLA). Obwohl die SLA eine überwiegend christliche Miliz war, die eng mit der IDF kollaborierte, gehörten ihr von Beginn an auch Drusen an. Laut Auskunft von israelischen Drusen, die Ḥāṣbaiā während der israelischen Besatzung besucht haben, stiegen Drusen innerhalb der SLA in hohe Positionen auf.[564] Als sich Israel im Mai 2000 aus dem Südlibanon zurückzog und sich die SLA auflöste, ergaben sich die meisten drusischen Milizionäre bereits im Vorfeld der *Ḥizbu'llāh*. Walīd Ǧunbulāṭ und Ḥasan Naṣrallāh hatten eine diesbezügliche Vereinbarung getroffen.[565]

Der Libanesische Bürgerkrieg endete 1990 mit dem Abkommen

---

561 Vgl. Harris 1996:194.

562 Seit der israelischen Invasion scheint das Verhältnis ʿArafāt-Ǧunbulāṭ deutlich angespannt gewesen zu sein; vgl. Der Spiegel 1983b:162f; Der Spiegel 1983c:95. Dem libanesischen Historiker Fawāz Ṭrābulsī zufolge gab es aber durchaus individuellen bewaffneten Widerstand von Drusen gegen die israelische Besatzung des drusischen Kernlandes, ungeachtet von Direktiven der PSP; Auskunft per E-Mail am 27. Oktober 2012.

563 Vgl. Betts 1988:114f. Als Gegenleistung für die Unterstützung durch Muʿammar al-Qaḏḏāfī unterstützten 1987 mehrere Hundert PSP-Milizionäre Libyen im Krieg gegen den Tschad; vgl. ebd. Anm. 71.

564 Interview mit Shakeeb Salih am 24. Juli 2009 in Mġār; Interview mit Zeidan Atashi am 24. Juli 2009 in ʿIsfiyā; vgl. Betts 1988:116.

565 O.A. 2000, online.

von Ṭā'if, in dem im Wesentlichen der konfessionelle Proporz des *Gentlemen's Agreements* von 1943 und auch der syrische Einfluss legalisiert wurden. Für die drusische Gemeinschaft bedeutete das Abkommen von Ṭā'if keinerlei Verbesserung der Stellung im politischen System des Libanon, im Gegenteil: Der für die Drusen unvorteilhafte konfessionelle Proporz beruhte bis dato nur auf einer mündlichen Vereinbarung, nun wurde er schriftlich kodifiziert. Der Vorschlag zur Bildung eines Senats als zweite, nicht nach dem konfessionellen Proporz zusammengesetzte Parlamentskammer, wurde in Form einer Absichtserklärung im Abkommen von Ṭā'if niedergelegt.[566]

Politisch waren die 1980er und 1990er Jahre bei den libanesischen Drusen geprägt von der Dominanz Walīd Ǧunbulāṭs, dem oft ein autokratischer Führungsstil vorgeworfen wird. Die Arslāns waren aufgrund der Unterstützung der Falangisten und ihrer militärischen Bedeutungslosigkeit während des Bürgerkrieges marginalisiert. Ṭalāl Arslān, dem jüngeren Sohn von Maǧīd Arslān, gelang es erst nach internen Machtkämpfen, die Nachfolge seines Bruders Faiṣal anzutreten. Er ist bis heute innerhalb der drusischen Gemeinschaft die einzige ernstzunehmende politische Konkurrenz für Walīd Ǧunbulāṭ. Gleichwohl konnte Walīd Ǧunbulāṭ seine Position als mächtigster *zaʿīm* unter den libanesischen Drusen immer verteidigen.[567] Zugeständnisse an Ṭalāl Arslān liegen deshalb meist in externen Faktoren begründet, wie etwa dem Einfluss von Syrien oder der *Ḥizbuʾllāh*.[568]

In den 1990er Jahren wurde die PSP wieder zu einer reinen politischen Partei, die sich, in einem Libanon unter syrischer Kontrolle, an der nationalen Politik beteiligte. Walīd Ǧunbulāṭ war in den 1990er Jahren auch selbst als Minister an einigen Kabinetten beteiligt. Er war unter anderem Minister für Vertriebene, ein Paradoxon, wenn man sich die Vertreibungen von Christen unter seinem Befehl im drusi-

---

566 Vgl. Schenk 2002:373ff. Der Senat existiert bis heute nicht.

567 Vgl. ebd.:382ff; 410f.

568 Ṭalāl Arslān und seine Partei, die *Lebanese Democratic Party*, wird (Stand 2012) den pro-syrischen Kräften zugerechnet. Ein anderer bekannter drusischer Politiker ist Wiʾām Wahhāb, der aber seine politische Bedeutung der Tätigkeit als Sprachrohr Syriens und nicht seinem Einfluss in der drusischen Gemeinschaft des Libanon verdankt; Interview mit Shakeeb Salih am 24. Juli 2009 in Mǧār.

schen Kernland vergegenwärtigt. Gemeinsam mit dem sunnitischen Premierminister der Aufbauphase, dem Multimilliardär und Bauunternehmer Rafīq Harīrī, äußerte er sich in den späten 1990er Jahren zunehmend kritisch bezüglich der syrischen Einflussnahme im Libanon.[569] Nach der Ermordung von Rafīq Harīrī 2005 wurde Walīd Ǧunbulāṭ zu einem der profiliertesten Sprecher der 14. März-Bewegung (benannt nach dem Datum der größten anti-syrischen Demonstration), die ultimativ den sofortigen Abzug aller syrischen Truppen aus dem Libanon forderte.

Nach dem endgültigen Abzug der syrischen Truppen unterstützte die PSP die Regierung von Fu'ād Sinyūra, einem Vertrauten von Rafīq Harīrī, auch während des 2. Libanonkrieges im Sommer 2006 zwischen Israel und der *Hizbu'llāh*. Diesen Krieg feierte die *Hizbu'llāh*, trotz der durch Luftangriffe bewirkten massiven Zerstörung des Landes, als Sieg gegen Israel, da sich das Ziel der IDF, die *Hizbu'llāh* zu eliminieren oder zumindest nachhaltig zu schwächen, nicht realisiert hatte.

Die ersten Anzeichen eines Politikwechsels seitens Walīd Ǧunbulāṭs gab es im Mai 2008. Die oppositionelle *Hizbu'llāh*, als einzige noch bewaffnete Miliz, und die Regierung lieferten sich einen erbitterten Machtkampf. Vorrangig ging es um ein von *Hizbu'llāh* installiertes Kommunikationsnetzwerk,[570] das die Regierung nicht dulden wollte, und um die Absetzung eines der *Hizbu'llāh* nahe stehenden Generals. Die Regierung Sinyūra versuchte die staatliche Souveränität gegenüber der *Hizbu'llāh* durchzusetzen, die schon lange parallelstaatliche Strukturen aufgebaut hatte. Während sich die libanesische Armee neutral verhielt, kam es in Beirut zu bewaffneten Auseinandersetzungen zwischen mehrheitlich schiitischen Regierungsgegnern (*Hizbu'llāh*, *AMAL* und PPS) und den sunnitischen Unterstützern der Regierung. Die oppositionellen Kräfte waren militärisch überlegen und be-

---

569 Vgl. Gambill/Nassif 2001, online.

570 Hierbei handelt es sich um ein neu aufgebautes Telefonnetz auf Glasfaserbasis unter ausschließlicher Kontrolle der *Hizbu'llāh*. Dieses Netz ist offenbar abhörsicher, was vor dem Hintergrund eines Abhörskandals gesehen werden muss, wonach Israel eine Mithörschnittstelle im libanesischen Mobilfunknetz eingerichtet hatte.

setzten das muslimische Westbeirut. Die Kämpfe griffen auch auf das drusische Kernland im Libanongebirge über, wo der *Ḥizbu'llāh* von den Drusen, mehrheitlich Anhänger der PSP, zunächst erbittert Widerstand geleistet wurde. Die PSP hatte offensichtlich nicht alle Waffen nach Ende des Bürgerkrieges abgegeben und es kamen auf drusischer Seite sogar schwere Waffen zum Einsatz. Obwohl die Drusen dem Vormarsch der *Ḥizbu'llāh* kurzfristig Einhalt gebieten konnten, befanden sie sich angesichts der zahlenmäßig stärkeren, militärisch besser organisierten und mit modernster Waffentechnik ausgerüsteten *Ḥizbu'llāh* in einer aussichtslosen Lage.[571]

In dieser Situation, in der die Drusen wieder ihr Kernland bedroht sahen, wandte sich Walīd Ǧunbulāṭ an seinen „natürlichen Konkurrenten" Ṭalāl Arslān, als Vertreter der pro-syrischen Opposition, mit der Bitte um Vermittlung mit *Ḥizbu'llāh*.[572] Ṭalāl Arslāns Bemühungen waren erfolgreich und kurze Zeit später begrüßten Walīd Ǧunbulāṭ und Ṭalāl Arslān gemeinsam mit dem Generalsekretär der *Ḥizbu'llāh* Ḥasan Naṣrallāh den drusischen Terroristen Samīr Qunṭār bei seiner Rückkehr aus der israelischen Gefangenschaft.[573]

Im nächsten Jahr rückte die PSP zunehmend von den Verbündeten des 14. März ab, verblieb aber bis nach der für den 14. März siegreichen Parlamentswahl im Juni 2009 in dem Bündnis. Seitdem stellt sich die PSP als bündnisfrei dar, unterhält aber Beziehungen zu den pro-syrischen Kräften.[574] Nach der von Ṭalāl Arslān vermittelten Versöhnung mit der *Ḥizbu'llāh* bereitete eben diese Walīd Ǧunbulāṭ den Weg zu einer erneuten Annäherung an das Regime in Damaskus.[575] Vor dem Hintergrund des beginnenden Bürgerkrieges in Syrien rückte Walīd Ǧunbulāṭ im Laufe des Jahres 2011 wieder vom Asad-Regime ab, ohne mit den syrischen Verbündeten im Libanon zu brechen.

Es spricht viel dafür, dass Walīd Ǧunbulāṭ im Mai 2008 erkannt

---

571 Vgl. Wikileaks 08BEIRUT677, online; vgl. ebd. 08BEIRUT726, online; Interview mit Shakeeb Salih am 24. Juli 2009 in Mǧār; für eine detaillierte Diskussion der Ereignisse vom Mai 2008 vgl. International Crisis Group 2008, online.

572 Vgl. Wikileaks 08BEIRUT1360, online.

573 Vgl. Young 2008, online.

574 Vgl. Szigetvari 2009, online.

575 Vgl. Agence France-Presse 2010, online.

hat, dass im Libanon gegenwärtig nicht gegen den Willen der *Ḥizbu'llāh,* regiert werden kann. Wie er feststellen musste, gibt es auch keine externe Macht, welche die anti-syrischen Kräfte ausreichend gegen *Ḥizbu'llāh* unterstützen würde. Hier wird wieder ein dauerndes drusisches Dilemma, das Fehlen eines natürlichen externen Verbündeten, deutlich. Walīd Ǧunbulāṭ sah im Falle einer weiteren Auseinandersetzung mit der in jeder Hinsicht überlegenen *Ḥizbu'llāh* die eigene Gemeinschaft als massiv bedroht an.[576] Deswegen suchte er mangels starker Verbündeter nun den Ausgleich mit Syrien und den libanesischen Schiiten.

Auf den ersten Blick gleichen auf weitere Sicht die Interessen der Drusen im Libanon auch viel mehr denen der Schiiten als denen der Sunniten oder Maroniten. Die Schiiten sind die größte Bevölkerungsgruppe des Libanon, aber im politischen System weniger einflussreich als Maroniten oder Sunniten. Längerfristig werden die Schiiten nach einem politischen System streben, das nicht auf einem überholten konfessionellen Proporz aufgebaut ist, sondern nach einer Machtverteilung, in der sie angemessen repräsentiert sind. Damit liegen die Interessen der Schiiten und die der Drusen längerfristig beisammen, zumindest was eine Umgestaltung des politischen Systems betrifft. Andererseits ist es zweifelhaft, ob sich Walīd Ǧunbulāṭ in diesem Zusammenhang überhaupt noch dem Erbe seines Vaters verpflichtet fühlt oder ob er sich viel eher mit seiner Position im gegenwärtigen politischen System arrangiert hat. Das gegenwärtige politische System des Libanon macht ihn gerade aufgrund seiner Rolle als kommunaler Führer zu einem einflussreichen Politiker.

---

576 Vgl. Wikileaks 08BEIRUT749, online.

5 FAZIT

Wie im Vorstehenden dargelegt, haben die drusischen Gemeinschaften im Libanon und in Israel eine höchst unterschiedliche Entwicklung genommen, die sie sogar für kurze Zeit auf entgegengesetzte Seiten des israelisch-arabischen Konflikts geführt hat. Beide Gemeinschaften unterschieden sich bereits vor der Gründung Israels und der libanesischen Unabhängigkeit stark voneinander, sowohl hinsichtlich ihres Selbstverständnisses wie auch ihrer Struktur. Die Drusen waren über Jahrhunderte im Libanongebirge mit ihrem Kernland Šūf und ʿĀlaih die dominante Gemeinschaft, eine Position, die sie ab dem 18. Jahrhundert zu verlieren begannen. Der Niedergang erreichte seinen Abschluss mit der Ausrufung des Staates Großlibanon 1920 durch die französische Mandatsmacht und mit dem konfessionellen Proporz als Grundlage des politischen Systems. Trotzdem engagierten sich Drusen für die Unabhängigkeit des Libanon, nachdem die Eliten während der Mandatsperiode überwiegend wie gelähmt gewesen waren. Hier sei z.B. auf die Rolle von Maǧīd Arslān verwiesen, der weithin als „Held der Unabhängigkeit" gefeiert wurde. Drusen waren auf jeden Fall von Beginn an ein integraler Bestandteil des unabhängigen Libanon und sind es bis heute geblieben. Selbst Kamāl Ǧunbulāṭ, der das politische System auf Grundlage des konfessionellen Proporzes ablehnte, bekannte sich zum libanesischen Staat.

Die Erfahrungen der Drusen in Palästina vor der Gründung Israels waren ganz andere. Die Gemeinschaften auf dem Karmel und in Galiläa lagen isoliert in der Peripherie und hatten zu keiner Zeit eine dominante Position in ihrer Region inne. Es fehlte der Gemeinschaft außerdem von jeher an einer politischen Elite, ganz im Unterschied zum Libanon, wo es eine traditionelle Klasse von drusischen Großgrundbesitzern gab. Im Gegensatz zum Libanon gab es in Palästina auch nie ein drusisches Kernland. Die Dörfer sind bis heute relativ verstreut, was wirksam eine politische Integration verhinderte. Aus diesen

Gründen konnten die Drusen nie zu einem echten Machtfaktor in Palästina werden. Zu ihrem eigenen Schutz verhielten sie sich deshalb partikularistisch und orientierten sich so weit als möglich an den drusischen Gemeinschaften im Libanon und in Syrien. Selbstredend waren die Drusen von Anfang an kein integraler Bestandteil des jüdischen Staates Israel und sind es auch bis heute nicht. Eine kleine Gruppe von drusischen Führungspersönlichkeiten aus der zweiten Reihe, besonders aus dem Karmel und Šafā ʿAmr, hat aber schon vor der Staatsgründung mit den Zionisten zusammengearbeitet. Diese räumlich begrenzte Zusammenarbeit gipfelte schließlich im Beitritt von Drusen zur IDF im Arabisch-Israelischen Krieg 1948.

Vor der Mandatsperiode und besonders vor der Unabhängigkeit Israels und des Libanon waren die Unterschiede zwischen den beiden Gemeinschaften vor allem struktureller Natur. Durch die Gründung Israels wird der Austausch zwischen den beiden Gemeinschaften gänzlich unmöglich und die jeweils weitere Entwicklung voneinander abgekoppelt. Die Konfrontation mit zwei völlig unterschiedlichen politischen Umgebungen erzeugt in politischer Hinsicht eine nahezu entgegengesetzte Entwicklung der drusischen Communities.

Wie bereits erwähnt, unterscheiden sich die Strukturen der Eliten der Gemeinschaften in beiden Staaten ganz erheblich. Im Libanon ist die drusische Gemeinschaft nach wie vor geprägt durch den traditionellen Antagonismus zwischen der Yazbakī-Fraktion, angeführt von der Familie Arslān, sowie der deutlich stärkeren Ǧunbulāṭ-Fraktion. Beide Fraktionen sind durch politische Parteien repräsentiert und lassen kaum Raum für andere politische Mitbewerber. Traditionelle Eliten, in diesem Fall die selben zwei Familien wie seit Jahrhunderten, repräsentieren die libanesischen Drusen auf politischer Ebene. Aus diesen Gründen bleiben die libanesischen Drusen z.B. bzgl. des Wahlverhaltens eine sehr homogene Gruppe. Im Libanon ist die drusische Gemeinschaft, besonders in der Person von Walīd Ǧunbulāṭ, ein wichtiger politischer Akteur. Teile der drusischen Eliten im Libanon sind außerdem seit Anfang des 20. Jahrhunderts mit arabisch-nationalistischen Ideen in Berührung gekommen, eine Entwicklung, die in der peripheren Gemeinschaft Palästinas nicht stattgefunden hat.

Völlig anders als im Libanon stellt sich die Lage in Israel dar, wo es nie eine feudale drusische Elite gegeben hat. So etwas wie eine israelisch-drusische Elite formierte sich erst durch die Zusammenarbeit einzelner Familien mit dem Staat Israel. Nach der Staatsgründung wurde der Zugang zu staatlichen Ressourcen, der auf Klientelbeziehungen beruhte, zu einem Machtfaktor innerhalb der drusischen Gemeinschaft in Israel. Die Führungspersönlichkeiten, die seit der Zeit der Staatsgründung Israels aktiv gewesen waren, wurden erst im Laufe der 1970er und 1980er Jahre von jüngeren israelischen Drusen abgelöst. Diese Generation wurde bereits in Israel ausgebildet und ist teilweise bestens mit Teilen der jüdischen Elite vernetzt. In dieser neuen Generation konnte sich aber nie eine dominierende Führungspersönlichkeit durchsetzen. Es gibt keine Person oder Organisation, die in Israel von sich behaupten könnte, für die drusische Gemeinschaft zu sprechen. Seit dem Tod von Scheich Amīn hat die Gemeinschaft überhaupt keine weitgehend anerkannte Integrationsfigur mehr. Wobei allerdings kaum überrascht, dass von staatlicher Seite nach Kräften versucht wird, den *status quo* zu erhalten, um eine effektive Vertretung von drusischen Interessen zu verhindern. Die meisten Gruppierungen innerhalb der Gemeinschaft stehen einander misstrauisch gegenüber und unterstützen völlig unterschiedliche politische Parteien. Während die politische Organisation der Drusen im Libanon sehr homogen ist, bietet sich in Israel das Bild einer starken Fragmentierung. Dieser Zustand macht es auch sehr schwer, Forderungen, die die ganze Gemeinschaft betreffen, gegenüber der jüdischen Mehrheit durchzusetzen.

Da die Drusen in jedem Staat, in dem sie leben, eine Minderheit darstellen, ist die Positionierung gegenüber der Mehrheit stets der entscheidende Faktor des politischen Verhaltens, lässt man einmal strukturelle Eigenheiten der zwei drusischen Gemeinschaften außer Acht. Kais Firros Schlussfolgerung ist demnach zuzustimmen: „Although there are several factors that determine the attitude of the Druze minority toward the majority, the modern state remains the major force."[577] Im jüdischen Staat Israel bedeutet das im Umkehrschluss,

---

577 Firro 1991:196.

sich bestmöglich mit der jüdischen Mehrheitsbevölkerung zu arrangieren. Im multikonfessionellen Libanon hingegen können je nach Interessenslage und der jeweiligen politischen Situation Mehrheiten gesucht werden.

Welche Gemeinsamkeiten lassen sich hinsichtlich des politischen Verhaltens bei den drusischen Gemeinschaften in Israel und im Libanon erkennen? Eine Ähnlichkeit ist der Zusammenhalt und die Mobilisierung der Gemeinschaft in existenzbedrohenden Krisensituationen. Während des Libanesischen Bürgerkrieges weist die drusische Gemeinschaft eine bemerkenswerte Homogenität auf. Die anderen größeren Konfessionen, die in Milizen organisiert waren, haben sich teilweise untereinander bekriegt. Bei den libanesischen Drusen hingegen kam es in dieser Periode zu keiner Fragmentierung, vielmehr sah man eine vorläufige Beilegung des alten Antagonismus zwischen der Ǧunbulāṭ- und Yazbakī-Fraktion ab 1982 als notwendig an. Ein ähnliches Bild bietet sich im Mai 2008, als das drusische Kernland im Libanon massiv von der schiitischen *Ḥizbuʾllāh* bedroht wurde und die Gemeinschaft sich wieder militärisch mobilisierte. Walīd Ǧunbulāṭ bat in dieser Situation Ṭalāl Arslān, den Anführer der Yazbakī-Fraktion, zu vermitteln. Vor diesem Hintergrund kam es zu einem Ausgleich zwischen den Anführern der beiden Fraktionen.

Auch der kollektive Widerstand der Golan-Drusen gegen die Annexion des Golan durch Israel weist auf eine starke Solidarität und Mobilisierung in Krisenzeiten hin. Der Umstand, dass die Solidarität der Drusen auch über Staatsgrenzen hinweg wirkt, zeigt das Engagement der israelischen Drusen für ihre massiv bedrohten libanesischen Glaubensbrüder Anfang der 1980er Jahre. Auch hier ist das Element der Mobilisierung bemerkenswert stark, führt es doch das erste Mal zur offenen Opposition der drusischen Gemeinschaft in Israel gegen die Politik der eigenen Regierung. Es spricht auch für die Stärke der Mobilisierung unter den israelischen Drusen, dass verschiedene politische Instrumente, wie etwa Pressekonferenzen und Demonstrationen, zum erste Mal durch die Gemeinschaft eingesetzt wurden.

Die zweite Tendenz, die sich im politischen Verhalten der beiden Gemeinschaften erkennen lässt, ist die oft pragmatische Anpassung an reale Machtverhältnisse. Als Minderheit ohne natürliche Verbündete können die Drusen nur ihre Existenz sichern, indem sie sich mit den mächtigeren Akteuren arrangieren. Oftmals werden solche Entscheidungen mit einer bemerkenswerten politischen Weitsicht gefällt. Dieses Verhalten zeigt sich z.B. besonders bei Walīd Ǧunbulāṭ, der sich mehr als einmal mit Syrien arrangierte, dessen Machthaber er für die Ermordung seines Vaters und auch seines politischen Weggefährten Rafik Hariri verantwortlich machte. Auch die Annäherung an Ḥizbu'llāh nach den kriegerischen Auseinandersetzungen 2008 zwischen Ḥizbu'llāh und den Bewohnern des drusischen Kernlandes im Libanongebirge steht im Zusammenhang mit einer erneuten Annäherung Walīd Ǧunbulāṭs an Syrien. Durch die Annäherung an Syrien und die Ḥizbu'llāh konnte die Bedrohung der Gemeinschaft abgewendet werde. Ebenso lässt sich die Zusammenarbeit von Drusen mit der israelischen Seite im Arabisch-Israelischen Krieg 1948 erklären, eine Kooperation, die erst dann von einer Mehrheit getragen wurde, als der israelische Sieg absehbar war und es darum ging, die Existenz der eigenen Gemeinschaft im neuen Staat Israel zu sichern. Beide Gemeinschaften, im Libanon wie in Israel, haben auch nie ernsthaft Ambitionen hinsichtlich der Errichtung einen eigenen „Drusenstaates" gezeigt.

Die Kooperation mit dem israelischen Staat, die sich besonders in der obligatorische Ableistung des Wehrdienstes ausdrückt, ist auf drusischer Seite mit Sicherheit ebenfalls mit dem Bemühen zu erklären, die eigene Gemeinschaft gegenüber der mächtigen Mehrheit bestmöglich zu positionieren. Im Fall der Drusen in Israel muss aber auf jeden Fall auch berücksichtigt werden, dass von israelischer Seite sehr früh mit Erfolg versucht wurde, Teile der bereits vorhandenen Eliten zu kooptieren bzw. neue, israelfreundliche Eliten zu schaffen. Festzuhalten bleibt, dass von israelischer Seite seit der Staatsgründung erfolgreich die drusische Identität manipuliert wurde, um ein spezifisch israelisches Drusentum zu konstruieren. Trotz der massiven Bemühungen Israels, die Drusen zu „entarabisieren", ist die Kooperation der Drusen mit Israel, ja sogar ihre überwiegende Loyalität dem jüdischen Staat gegenüber wohl eher das Produkt einer pragmatischen Anpassung an reale Machtverhältnisse. Ob diese Parteinahme für die „jüdische Seite" tatsächlich zu einer dauerhaften Verbesserung der Lage der Drusen in Israel im Vergleich zu Christen und Muslimen geführt hat, ist allerdings zu bezweifeln. So ist z.B. die wirtschaftliche Situation von drusischen Familien oft deutlich schlechter als die ihrer christlichen oder muslimischen Nachbarn.

Wenn wir im Rahmen dieser Arbeit und anhand der untersuchten Aspekte eine Tendenz unter den Drusen ausmachen, sich an reale Machtverhältnisse anzupassen, dann stellt das Verhalten von Kamāl Ǧunbulāṭ eine große Ausnahme dar. Er wird von vielen Autoren als einer der Hauptschuldigen am Ausbruch des Libanesischen Bürgerkrieges angesehen, zu einem Zeitpunkt, als es erstmals eine libanesische Regierung gab, auf die er großen Einfluss hatte. Schließlich nahm er bewusst eine Eskalation des Konfliktes mit Syrien in Kauf, die seiner Nationalbewegung einen möglichen Erfolg kostete und somit auch eine Verbesserung des Status der Drusen innerhalb des politischen Systems des Libanon auf lange Zeit verhinderte.

6 QUELLENVERZEICHNIS

Literatur

Abu Fakhr, Sakr (2000): Voices from the Golan, in: Journal of Palestine Studies, Vol. 29, No. 4 (Autumn 2000), S. 5-36.

Abu-Izzeddin, Nejla M. (1984): The Druzes. A new Study of their History, Faith and Society, Leiden: Brill.

'Ali, Nohad (2008): Druze in Israel: Key Issues and Future Prospects. The Center for Multicultural Education, University of Haifa. Research report.

Andary, Nezar (1994): On Druze identity, o.O.

Atashi, Zeidan (1990): Can 'Mose' Arens Deliver?, in: Jerusalem Post, Dec. 25, 1990, S. 4.

Atashi, Zeidan (1997) (1995): Druze And Jews In Israel: A Shared Destiny?, Brighton.

Azzam, Intisar (2005): Druze Women: Ideal and Reality, in: Salibi, Kamal (ed.): The Druze: Realities & Perceptions, London, S. 95-104.

Azzam, Intisar (2007): Gender and Religion: Druze Women, London.

Ben-Dor, Gabriel (1979): The Druzes in Israel. A Political Study, Jerusalem.

Betts, Robert Brenton (1988): The Druze, New Haven.

Black, Ian/Morris, Benny (1991): Israel's secret wars: a history of Israel's intelligence services, New York.

Blanc, Haim (1952): Druze Particularism: Modern Aspects of an Old Problem, in: Middle Eastern Affairs 3, November 1952, S. 315-321.

Bryer, David R. W. (1975): The Origins of the Druze Religion, in: Der Islam, Band 52, Heft 1, S. 47-84.

Bryer, David R. W. (1976): The Origins of the Druze Religion, in: Der Islam, Band 53, Heft 1, S. 5-27.

Cleveland, William L. (1985): Islam against the West. Shakib Arslan and the campaign for Islamic nationalism, Austin.

Cobban, Helena (1985): The making of modern Lebanon, London.

Dana, Nissim (2003): The Druze in the Middle East: Their Faith, Leadership, Identity and Status, Brighton.

Dayan, Moshe (1978): Die Geschichte meines Lebens, Wien.

Eisenberg, Laura Zittrain (1996): My Enemy's Enemy. Lebanon in the Early Zionist Imagination, 1900-1948, Detroit.

Esman, Milton J./Rabinovich, Itamar (eds.) (1991) (1988): Ethnicity, Pluralism and the State in the Middle East, Ithaca, London.

Fawaz, Leila Tarazi (1994): An occasion for war. Civil conflict in Lebanon and Damascus in 1860, London.

Firro, Kais (1991) (1988): The Druze in and between Syria, Lebanon and Israel, in: Esman, Milton J./Rabinovich, Itamar (eds.): Ethnicity, Pluralism and the State in the Middle East, Ithaca, London, S. 185-197.

Firro, Kais M. (1992): A History of the Druzes, Leiden.

Firro, Kais M. (1997): The Attitude of the Druzes and 'Alawis Vis-á-vis Islam and Nationalism in Syria and Lebanon, in: Kehl, Krisztina-Bodrogi u.a. (eds.): Syncretistic religious communities in the Near East; collected papers of the International Symposium "Alevism in Turkey and Comparable Religious Communities in the Near East in the Past and Present", Berlin, 14–17 April 1995, Leiden.

Firro, Kais M. (1999): The Druzes in the Jewish State, Leiden.

Firro, Kais M. (2001): Reshaping Druze Particularism in Israel, in: Journal of Palestine Studies, Vol. 30, No. 3, Spring 2001, S. 40-53.

Firro, Kais M. (2003): Inventing Lebanon. Nationalism and State under the Mandate, London.

Firro, Kais M. (2005): Druze *maqāmāt* (Shrines) in Israel: From Ancient to Newly-Invented Tradition, in: British Journal of Middle Eastern Studies, Vol. 32, No. 2, November 2005, S. 217-239.

Firro, Kais M. (2009): Metamorphosis of the Nation (*al-Umma*). The Rise of Arabism and Minorities in Syria and Lebanon, 1850–1940, Brighton.

Gelber, Yoav (1992): Antecedents of the Jewish-Druze Alliance in Palestine, in Middle Eastern Studies, Vol. 28, No. 2, April 1992, S. 352-373.

Gelber, Yoav (1995): Druze and Jews in the War of 1948, in: Middle Eastern Studies, Vol. 31, No. 2, April 1995, S. 229-252.

Goria, Wade R. (1985): Sovereignty and leadership in Lebanon 1943–1976, London.

Hajjar, Lisa (1996): Making Identity Policy. Israel's Interventions among the Druze, in: Middle East Report, No. 200; Jul.–Sep. 1996, S. 2-6; 10.

Hajjar, Lisa (2000): Speaking the conflict, or how the Druze became bilingual: a study of Druze translators in the Israeli military courts in the West-Bank and Gaza, in: Ethnic and Racial Studies, Vol. 23, No. 2, March 2000, S. 299-328.

Halabi, Rafik (1982): The West Bank Story, New York, London.

Hanf, Theodor (1990): Koexistenz im Krieg. Staatszerfall und Entstehen einer Nation im Libanon, Baden-Baden.

Harik, Judith (1993): Change and Continuity among the Lebanese Druze Community: The Civil Administrations of the Mountains, 1983-1990, in: Middle Eastern Studies 29, No. 3, July 1993, S. 379-398.

Harik, Judith P. (1994): "Shaykh al-'Aql" and the Druze of Mount Lebanon: Conflict and Accommodation, in: Middle Eastern Studies 30, No. 3 (July 1994) S. 461-485.

Harik, Judith P. (1995): The effects of the military tradition on Lebanon's assertive Druzes, in: International Sociology, Vol. 10, No. 1, S. 51-70.

Harris, William (1996): Faces of Lebanon: Sects Wars and Global Extensions, Princeton.

Hazran, Yusri (2009): Between authenticity and alienation: The Druzes and Lebanon's history, in: Bulletin of SOAS, 72, 3, S. 459-487.

Hitti, Philipp Khuri (1957): Lebanon in history: From the earliest times to the present, London.

Hitti, Philipp Khuri (2007) (1928): The Origins of the Druze People and Religion, London, San Francisco, Beirut.

Hughes, Matthew (2007): Collusion across the Litani? Lebanon and the 1948 War, in: Rogan, Eugene L./Shlaim, Avi (eds.): The war for Palestine: Rewriting the History of 1948, Cambridge.

Joumblatt, Kamal (1982): I speak for Lebanon, London.

Kashua, Sa'id (2004); Soldiers No More: Druze Conscientious Objectors, in: News from Within, Vol. 20, No. 4 (June–July 2004), S. 14-18.

Kehl, Krisztina-Bodrogi u.a. (eds.) (1997): Syncretistic religious communities in the Near East; collected papers of the International Symposium "Alevism in Turkey and Comparable Religious Communities in the Near East in the Past and Present", Berlin, 14–17 April 1995, Leiden.

Kennedy, Scott (1984): The Druze of the Golan: A Case of Non-Violent Resistance, in: Journal of Palestine Studies, Vol. 13, No. 2, Winter 1984, S. 48-64.

al-Khazen, Farid (1988): Kamal Jumblatt, The Uncrowned Druze Prince of the Left, in: Middle Eastern Studies, Vol. 24, No. 2, Apr. 1988; S. 178-205.

Khuri, Fuad I. (2004): Being a Druze, London.

Khuri, Fuad I. (2005): Aspects of Druze Social Structure: "There Are no Free Floating Druze", in: Salibi, Kamal (ed.): The Druze: Realities & Perceptions, London, S. 61-78.

Klein, Peggy (2001): Die Drusen in Israel, Marburg.

Kramer, Martin (2009) (1996): Arab awakening & Islamic revival: the politics of Ideas in the Middle East, New Brunswick.

Landis, Joshua (2007): Syria and the Palestine War: fighting King Abdulah's "Greater Syria Plan", in: Rogan, Eugene L./Shlaim, Avi (eds.): The war for Palestine: Rewriting the History of 1948, Cambridge, S. 176-203.

Lavie, Ephraim/Rudnitzky, Arik (eds.) (2009): Elections 2009 Update; Special issue 2 March 12, 2009: Arab Politics in Israel and the 18th Knesset Elections, Tel Aviv.

Layish, Ahron (1982): Marriage, Divorce, and Succession in the Druze Family, Leiden.

Layish, Ahron (1985): Taqiyya among the Druzes, in: Asian and African Studies, 19/3, S. 245-281.

Makarem, Sami (2005): The Druze Faith, in: Salibi, Kamal (ed.): The Druze: Realities & Perceptions, London, S. 1-8.

Mara'i, Tayseer/Halibi, Usama R. (1992): Life under Occupation in the Golan Heights, in: Journal of Palestine Studies, Vol. 22, No. 1, Autumn 1992, S. 78-93.

McLoughlin, Leslie (2005): Fuad Hamza as Observer of the Kingdom of Saudi Arabia, in: Salibi, Kamal (ed.): The Druze: Realities & Perceptions, London, S. 155-170.

Morris, Benny (1987): The birth of the Palestinian refugee problem, 1947-1949, Cambridge.

Morris, Benny (2008): 1948. A History of the First Arab-Israeli War, New Haven.

Pappe, Ilan (2008): Die ethnische Säuberung Palästinas, Frankfurt am Main.

Parsons, Laila (2000): The Druze Between Palestine and Israel, 1947-1949, London.

Parsons, Laila (2007): "The Druze and the birth of Israel", in: Rogan, Eugene L./ Shlaim, Avi (eds.): The War for Palestine: Rewriting the History of 1948, Cambridge, S. 60-78.

Rabinovich, Itamar (1986) (1984): The War for Lebanon 1970-1983, Ithaca, London.

Rogan, Eugene L./Shlaim, Avi (eds.) (2007): The War for Palestine: Rewriting the History of 1948, Cambridge.

Salibi, Kamal S. (1961): The Buḥturids of the Ġarb. Mediaeval Lords of Beirut and Southern Lebanon, Arabica, Vol. 8, No. 1, 1961, S. 74-97.

Salibi, Kamal S. (1965): The Modern History of Lebanon, London.

Salibi, Kamal S. (1988): A house of many mansions: the history of Lebanon reconsidered, London.

Salibi, Kamal S. (ed.) (2005): The Druze: Realities & Perceptions, London.

Salih, Shakeeb (1977): The British-Druze Connection and the Druze Rising of 1896 in the Hawran, in: Middle Eastern Studies, Vol. 13, No. 2, May 1977, S. 251-257.

Schäbler, Birgit (1996): Aufstände im Drusenbergland. Ethnizität und Integration einer ländlichen Gesellschaft Syriens vom Osmanischen Reich bis zur staatlichen Unabhängigkeit 1850-1949, Gotha.

Schenk, Bernadette (1994): Kamāl Ǧunbulāṭ. Das arabisch-islamische Erbe und die Rolle der Drusen in seiner Konzeption der libanesischen Geschichte, Berlin.

Schenk, Bernadette (2002): Tendenzen und Entwicklungen in der modernen drusischen Gemeinschaft des Libanon: Versuche einer historischen, politischen und religiösen Standortbestimmung, Berlin.

Seale, Patrick (1989) (1988): Asad of Syria: The Struggle for the Middle East, Berkeley, Los Angeles.

Shlaim, Avi (1998): The politics of partition. King Abdullah, the Zionists and Palestine 1921–1951, Oxford.

Shlaim, Avi (2007): Israel and the Arab coalition in 1948, in: Rogan, Eugene L./ Shlaim, Avi (eds.): The War for Palestine: Rewriting the History of 1948, Cambridge, S. 79-103.

SPIEGEL, DER (1983a): Libanon: Amerikas neuer Krieg?, Nr. 38/1983, S. 134-136.

SPIEGEL, DER (1983b): „Wir Libanesen haben genug geblutet": Der libanesische Drusenführer Walid Dschumblat über den Libanon, Syrien und Israel, Nr. 41/1983, S. 162-172.

SPIEGEL, DER (1983c): Palästinenser: Dies ist die Hölle, Nr. 51/1983, S. 94-95.

Stendel, Ori (1996): The Arabs in Israel, Brighton.

Swayd, Samy (2006): Historical Dictionary of the Druzes, Lanham/Maryland, Toronto, Oxford.

Tarabieh, Bashar (1995): Control and Resistance in the Golan Heights, in: Middle East Report, No. 194/195, May–Aug. 1995, S. 43-47.

Teitelbaum, Joshua (1985): Ideology and Conflict in the Middle East Minority: The Case of the Druze Initiative Committee in Israel, in: Orient 26, S. 341-359.

Timani, Hussam S. (1999): Druze Interests vs. Israeli Policy-Making (A Working Paper), Los Angeles.

Yiftachel, Oren/Segal, Michaly D. (1998): Jews and Druze in Israel: state control and ethnic resistance, in: Ethnic and Racial Studies, Volume 21, Number 3, May 1998, S. 476-506.

Online

Andary, Ajaj (2007): The History of the Druze in America 1981 to 1985, http://www.americandruzeheritage.com/hodia1981to1985.html, 15. Juli 2010.

Agence France-Press (2010): Syria reconciliation nearly complete: Lebanon's Jumblatt, in: Kuweit Times Jannuary 16 2010, http://www.kuwaittimes.net/read_news.php?newsid=MTIyNzk1 MjU5Nw==, 13. Juni 2010.

Asad, Asad (2009): Druze deserve more, http://www.ynetnews.com/articles/0,7340,L-3735676,00.html, 26. Juli 2010.

Ash, Uri (2003a): Four Golan Druze accused of plotting to kidnap IDF soldier, http://www.haaretz.com/print-edition/news/four-golan-druze-accused-of-plotting-to-kidnap-idf-soldier-1.11610, 26. Juli 2010.

Ash, Uri (2003b): Ethnic strife reaches missile firing point, http://www.haaretz.com/print-edition/features/ethnic-strife-reaches-missile-firing-point-1.18757, 26. Juli 2010.

Ashkenasi, Eli (2010): Israeli trucks cross into Syria in annual 'apple invasion', http://haaretz.com/hasen/spages/1153539.html, 19. April 2010.

Atashi, Zeidan (2001): The Druze in Israel and the Question of Compulsory Military Service, Jerusalem Viewpoints No. 464, http://www.jcpa.org/JCPA/Templates/ShowPage.asp?DBID=1&LNGID=1&TMID=111&FID=443&PID=0&IID=1121, 10. Juli 2009.

Atashi, Zeidan (2002): The Islamic Arab Minority in the Jewish State, Jerusalem Viewpoints No. 480, http://www.jcpa.org/JCPA/Templates/ShowPage.asp?DBID=1&LNGID=1&TMID=111&FID=443&PID=0&IID=979, 10. Jänner 2010.

Ben Simon, Daniel (2007): 'Like terrorists', http://www.haaretz.com/weekend/week-s-end/like-terrorists-1.232305, 10. Mai 2009.

Canard, M. (2005a): Da'wa, in: Bearman, P. u.a.: Encyclopaedia of Islam, Second Edition, Brill Online.

Canard, M. (2005b): Fāṭimids, in: Bearman, P. u.a.: Encylopaedia of Islam, Second Edition, Brill Online.

Central Bureau of Statistics (2009): Statistical Abstract of Israel 2009 - No. 60 Subject 2, http://www.cbs.gov.il/reader/shnaton/templ_shnaton_e.html?num_tab=st02_02&CYear=2000, 10 Juni 2010.

Central Intelligence Agency (2010): The World Factbook: Lebanon, https://www.cia.gov/library/publications/the-world-factbook/geos/le.html, 31. Juli 2010.

Eldar, Akiva (2007): Speaking in tongues, http://www.haaretz.com/misc/article-print-page/speaking-in-tongues-1.232031?trailingPath=2.169%2C2.225%2C2.239%2C, 13. Juni 2010.

Ettinger, Yair (2002): Druze, Circassians angered by more broken promises, http://www.haaretz.com/misc/article-print-page/druze-circassians-angered-by-more-broken-promises-1.35341?trailingPath=2.169%2C2.225%2C2.226%2C, 13. Juni 2010.

Ettinger, Yair (2003): Druze protest again ends in violence, http://www.haaretz.com/print-edition/news/druze-protest-again-ends-in-violence-1.100810, 11. April 2010.

Ettinger, Yair (2004): Can Druze identity survive its neighbours?, http://www.haaretz.com/print-edition/news/can-druze-identity-survive-its-neighbors-1.144952, 11. April 2010.

Fogelmann, Shay (2010): The Palestinian state of Ishmael, as envisioned by
   Rehavam Ze'evi,
   http://www.haaretz.com/weekend/magazine/the-palestinian-state-of-
   ishmael-as-envisioned-by-rehavam-ze-evi-1.319271, 20. Oktober 2011.
Galili, Lily/Khoury, Jack (2007): Rightists buying housing in Druze town to
   boost Jewish population,
   http://www.haaretz.com/news/rightists-buying-housing-in-druze-town-
   to-boost-jewish-population-1.233300, 11. April. 2010.
Gambill, Garry C./Nassif, Daniel (2001): Walid Jumblatt, Head of the
   Progressive Socialist Party,
   http://www.meforum.org/meib/articles/0105_ld1.htm, 11. April 2010.
Haaretz Editorial (2010): Harassing Arab MKs,
   http://www.haaretz.com/hasen/pages/ShArt.jhtml?itemNo=1146922,
   11. April. 2010.
Halabi, Rafik (2010a): Settlers, have you no shame?,
   http://www.ynetnews.com/Ext/Comp/ArticleLayout/CdaArticlePrint
   Preview/1,2506,L-3918420,00.html, 13. August 2010.
Halibi, Rafik (2010b): My state is giving up on me,
   http://www.haaretz.com/print-edition/opinion/my-state-is-giving-up-on-
   me-1.300265?localLinksEnabled=false, 7. Juli 2010.
Hodgson, M. G. S. (2005): Durūz, in: Bearman, P. u.a.: Encyclopaedia of Islam,
   Second Edition, Brill Online.
International Crisis Group (2008): Lebanon: Hizbollah's Weapons Turn
   Inward, Middle East Briefing No. 23, 15 May 2008,
   http://www.crisisgroup.org/~/media/Files/Middle%20East%20North%20
   Africa/Iraq%20Syria%20Lebanon/Lebanon/b23_lebanon_hizbollahs_
   weapons_turn_inward.ashx, 13. Juli 2010.
Khan, Zafarul-Islam (2005): Muḥammad ʿAlī Pasha, in: Bearman, P. u.a.:
   Encylopaedia of Islam, Second Edition, Brill Online.
Khoury, Jack (2005): Catholic Leaders: Israel has abandoned our security,
   http://www.haaretz.com/print-edition/news/catholic-leaders-israel-has-
   abandoned-our-security-1.150399, 15. Juni 2009.
Khoury, Jack (2007): Anger, unrest remain in Pekiʿin,
   http://www.haaretz.com/misc/article-print-page/anger-unrest-remain-in-
   peki-in-1.232311?trailingPath=2.169%2C2.225%2C2.226%2C, 15. Juni 2009.
Khoury, Jack (2009): Lebanon's Druze leader urges Israeli Druze not to serve
   in the IDF, http://www.allvoices.com/s/event-4896528/aHR0cDovL3d3
   dy5oYWFyZXR6LmNvbS9oYXNlbi9zcGFnZXMvMTEzODY2Ni5odG1s,
   10. Jänner 2010.
Khoury, Jack (2010): Police arrest fourth suspect in case of espionage against
   Israel, http://www.haaretz.com/news/national/police-arrest-fourth-
   suspect-in-case-of-espionage-against-israel-1.304149, 26. Juli 2010.

Knesset (o.J.a): Knesset Member, Zeidan Atashi,
http://www.knesset.gov.il/mk/eng/mk_eng.asp?mk_individual_id_t=554,
24. Februar 2010.

Knesset (o.J.b): Knesset Member, Mohammed Naffa,
http://www.knesset.gov.il/mk/eng/mk_eng.asp?mk_individual_id_t=528,
24. Februar 2010.

Knesset (o.J.c): Knesset Member, Asaad Asaad,
http://www.knesset.gov.il/mk/eng/mk_eng.asp?mk_individual_id_t=133,
24. Februar 2010.

Knesset (2009): Elections 18th Knesset (hebr.),
http://www.knesset.gov.il/elections18/heb/home.aspx, 18. August 2009.

Liphshiz, Cnaan (2008): U.S. Evangelicals fund Druze academy,
http://www.haaretz.com/u-s-evangelicals-fund-druze-academy-1.258907,

Makarem, Julia (2007): Druze Population,
http://www.americandruzeheritage.com/Druze%20Population.html,
2. Juli 2010.

Melman, Yossi (2001): Scandals and rivalry disrupt the Druze community,
http://www.haaretz.com/print-edition/features/scandals-and-rivalry-
disrupt-the-druze-community-1.70126, 10. November 2008.

O. A. (2000): Hezbollah Takes Control of South Lebanon, in: Middle East
Intelligence Bulletin, Vol. 2, No. 5, June 2000,
http://www.meforum.org/meib/articles/0006_l1.htm, 16. Mai 2011.

Pelham, Nicolas (2007): The Golan Waits For the Green Light,
http://www.merip.org/mero/mero072607.html, 18. Juli 2010.

Stern, Yoav/ Khoury, Jack (2007): Attorney Said Nafa to replace MK Bishara in
case of resignation, http://www.haaretz.com/hasen/spages/846697.html,
29. April 2010.

Szigetvari, András (2009): Die Abkehr des Drusenführers, in: DER STANDARD
6.8.2009, http://derStandard.at/1246543860109/Die-Abkehr-des-
Drusenfuehrers, 6. August 2009.

Segev, Tom (2006): The world of citizen Amal Jamal,
http://www.haaretz.com/hasen/spages/770907.html, 12. April 2010.

Young, Michael (2008): Behind Druze Kisses,
http://blogs.law.harvard.edu/mesh/2008/07/behind_druze_kisses_for_
quntar/ 18. Juni 2010.

Datensätze

Hebrew University – Israel Social Sciences Data Center (2009): Election
Results oft he 18th Knesset 2009; Dataset no. 0625.

Onlinedatenbank

http://www.wikileaks.com

Interviews

Atashi, Zeidan [ʿAṭšī, Zaidān] (ehemaliger Diplomat sowie Mitglied der
    Knesset, Buchautor) in ʿIsfiyā, Israel am 24. Juli 2009.
ʿAzzām, Fāʾiz (Lektor an der Universität Haifa, Schulbuchautor und
    ehemaliger Herausgeber der drusischen Zeitschrift *al-Hudā*) in ʿIsfiyā,
    Israel am 4. August 2011.
Naṭūr, Salmān [Natour, Salman] (Schriftsteller, ehemaliger Journalist,
    einstiger Aktivist der Kommunistischen Partei und des *Druze Initiative
    Commitee*) in Haifa, Israel am 5. August 2011.
Salih, Shakeeb [Ṣāliḥ, Šakīb] (Dozent für Geschichte an der Bar-Ilan
    Universität) in Mġār, Israel am 24. Juli 2009.

Auskunftspersonen

ʿAzzām, Fāyīz (Lektor an der Universität Haifa, Schulbuchautor und
    ehemaliger Herausgeber der drusischen Zeitschrift *al-Hudā*) mittels
    persönlichem Gespräch in Haifa am 23. Juli 2009.
Liel, Alon (ehemaliger israelischer Spitzendiplomat, Vorsitzender der *Israel-
    Syria Peace Society*) per E-Mail am 9. Juli 2009.
Naffāʿ, Saʿīd (Mitglied der *Knesset*, Rechtsanwalt und Aktivist) per E-Mail am
    15. Mai 2010.
Ṭrābulsī, Fauāz (Professor für Geschichte und Politikwissenschaften an der
    Amerikanischen Universität Beirut) per E-Mail am 27. Oktober 2012.

Studien zum Modernen Orient

Studien zum Modernen Orient

SMO 18

Yuriy Malikov

Tsars, Cossacks, and Nomads

The Formation of a Borderland Culture in Northern Kazakhstan
in the 18th and 19th Centuries
Berlin 2011. Pb. 321 pp., 978-3-87997-359-8

SMO 19

Claus Schönig/Ramazan Çalık/Hatice Bayraktar (Hg.)

Türkisch-deutsche Beziehungen

Perspektiven aus Vergangenheit und Gegenwart
Berlin 2012. Br. 426 S., 978-3-87997-386-6

SMO 20

Ariela Gross

Reaching *wa'y*

Mobilization & Recruitment in Hizb al-Tahrir al-Islami.
A Case Study Conducted in Beirut
Berlin 2012. Pb. 111 pp., 978-3-87997-405-4

SMO 21

Christiane Czygan

Zur Ordnung des Staates

Jungosmanische Intellektuelle und ihre Konzepte
in der Zeitung Hürriyet (1868–1870)
Berlin 2012. Br. 328 S., 978-3-87997-407-8

SMO 22

Eliane Ursula Ettmüller

The Construct of Egypt's National Self

In James Sanua's Early Satire & Caricature
Berlin 2012. Pb. 328 pp., 978-3-87997-411-5

Klaus Schwarz Verlag GmbH • Fidicinstr. 29 • D-10965 Berlin
Tel. +30-916 82 749 • +30-916 82 751 • Fax +30-322 51 83
www.klaus-schwarz-verlag.com
info@klaus-schwarz-verlag.com

Bei Fragen zur Produktsicherheit wenden Sie sich bitte an:
If you have any questions regarding product safety,
please contact:

Walter de Gruyter GmbH
Genthiner Straße 13
10785 Berlin
productsafety@degruyterbrill.com